賢人の勉強術

Hideki Wada Heizo Takenaka
Kazuhiro Fujihara Yuji Ikegaya Makoto Ito

時間は作るもの! 大人になってから真の知識は得られる!

和田秀樹
Hideki Wada
竹中平蔵
Heizo Takenaka
藤原和博
Kazuhiro Fujihara
池谷裕二
Yuji Ikegaya
伊藤 真
Makoto Ito

Essential Tips for Surviving Modern Business
What You Should Think, Plan and Do to Become Successful

幻冬舎

もくじ

Chapter 3

これまでの方程式は通用しない「やわらか頭」で生き抜く法

藤原和博

Chapter 4

脳科学から見た効率学習メソッド 大人のための「記憶勉強法」

池谷裕二

Chapter 5 司法試験界のカリスマが語った「試験突破」の大事なルール

伊藤 真

装丁 石川直美(カメガイ デザイン オフィス)
本文イラスト 神林光二
撮影 糸井康友
デザイン・DTP 株式会社明昌堂
取材・構成 株式会社ロム・インターナショナル
編集 鈴木恵美(幻冬舎)

和田秀樹

限られた時間の考え方

何時間勉強したかではなく、
どれだけの量を勉強したかで測るべき。
時間の密度を上げることを考えてほしい。

頭がいいのに成功できない人へ

頭だけで考えて行動に移さない人、
何もしない人がいかに多いことか。
成功している人は皆、実行している人。
この当たり前のことに気づいていないのではないか。

Introduction

賢人の言葉

学校の勉強で満足している人へ

社会に出た途端、伸び悩む人は
学校の勉強だけしかしてこなかった人。

社会の荒波を乗り切るのは、人間としての総合力。

仕事への取り組み方

自分の仕事とは直接関係のない雑用を大切に。
少なくとも若いうちは、
世の中を知らないことに謙虚であるべき。

専門のことしか知らない視野の狭い人間にならないでほしい。

竹中平蔵

藤原和博

毎日新聞社提供

青い鳥を探すように転職を繰り返す人へ

青い鳥なんていない。

そもそも会社や仕事は変化するもの。いまの仕事をマスターし、
そのなかで自分は何をすべきかを考え、修正していくべき。

教養を身につける最善の策

まず年間100冊の本を読む。

ファッションやグルメではなく、
読書にこそ自分の魅力を作る力がある。

池谷裕二

効率的に記憶する方法

記憶の司令塔である海馬に、覚えるべき情報をアピールするしかない。その秘訣は、

約2か月かけて4回の復習を行なうこと。

若いころのように暗記できない人へ

年齢のせいにしないでほしい。

若いころと同じような丸暗記ではなく、理解して理屈を覚える工夫、身につけたそのやり方を覚える工夫を。

Introduction
賢人の言葉

スランプに悩んでいる人へ

たいして努力していない人にはスランプさえない。

スランプは努力している証。

スランプだと思ったら、
不安や悩みをすべて紙に書き出してみること。

試験勉強の注意点

100のあいまいな知識より、10の正確な知識が勝る。

いたずらに新しい知識を学ぶのではなく、
基礎を固め、優先項目を
押さえること。

伊藤真

Chapter 1

なぜか結果を出す人の共通点

「頭」と「時間」の使い方

和田秀樹

社会に出て活躍できる人とできない人、その違いはどこにあるのか？　一般によくいわれる「頭のよさ」について検討し、認知心理学と受験技術研究の成果から、大人ならではの勉強法を提案する。

Hideki Wada

1960年大阪府生まれ。精神科医。国際医療福祉大学大学院教授（臨床心理学専攻）、川崎幸病院精神科顧問、一橋大学経済学部非常勤講師、和田秀樹こころと体のクリニック院長。東京大学医学部卒業後、東京大学附属病院精神神経科助手、米国カール・メニンガー精神医学校国際フェローを経て現職。著書は500冊を超える。映画初監督作品「受験のシンデレラ」は、モナコ国際映画祭でグランプリを受賞。

Essence 1

勉強の成果は実生活に役立ててこそ意味がある

目標は未来が求める〝頭のよさ〟

なぜ、大人になってまでも勉強するのか――。

その目的を見出さずに漫然とはじめている人が意外に多いことに驚かされる。

「できる人になりたい」「頭をよくしたい」とは思っているようだが、では、何をどれだけすればよいのかまで、きちんと見通していないのだ。

なかには「周りがしているから」という理由だけで勉強をはじめている人もいるようだ。

しかし、貴重な時間を使って勉強するなら、まずは目指すべきゴールを明確にするべきだろう。

たとえば、資格取得を目標にしたのなら、受験勉強と同じで過去問や対策本があり、比較的ノウハウがはっきりしているので、すべきことが明確になりやすい。

では、会社での昇進といった場合はどうか。当然、過去問が存在するわけでもなく、その会社ならではの風土（一族経営、学閥偏重など）があるはずだ。周りを見渡し、どういう人物が昇進しているのか、まず観察からはじめなければ、対策は見えてこない。

この場合、いくら専門書を多読しても、資格取得を目指しても、自分を支持してくれる人を増やす社内営業ができなければ、いつまでたっても目的は達せられないだろう。

一般にいわれる大人の勉強は、すべきことが見えにくく対策を誤りやすい。すべきことがはっきりしている受験勉強とは、大きく違う点である。

自分は何を目的にするのか、勉強をはじめる前にまずこの点を明確にすることがスタートである。

これからの時代に求められる能力

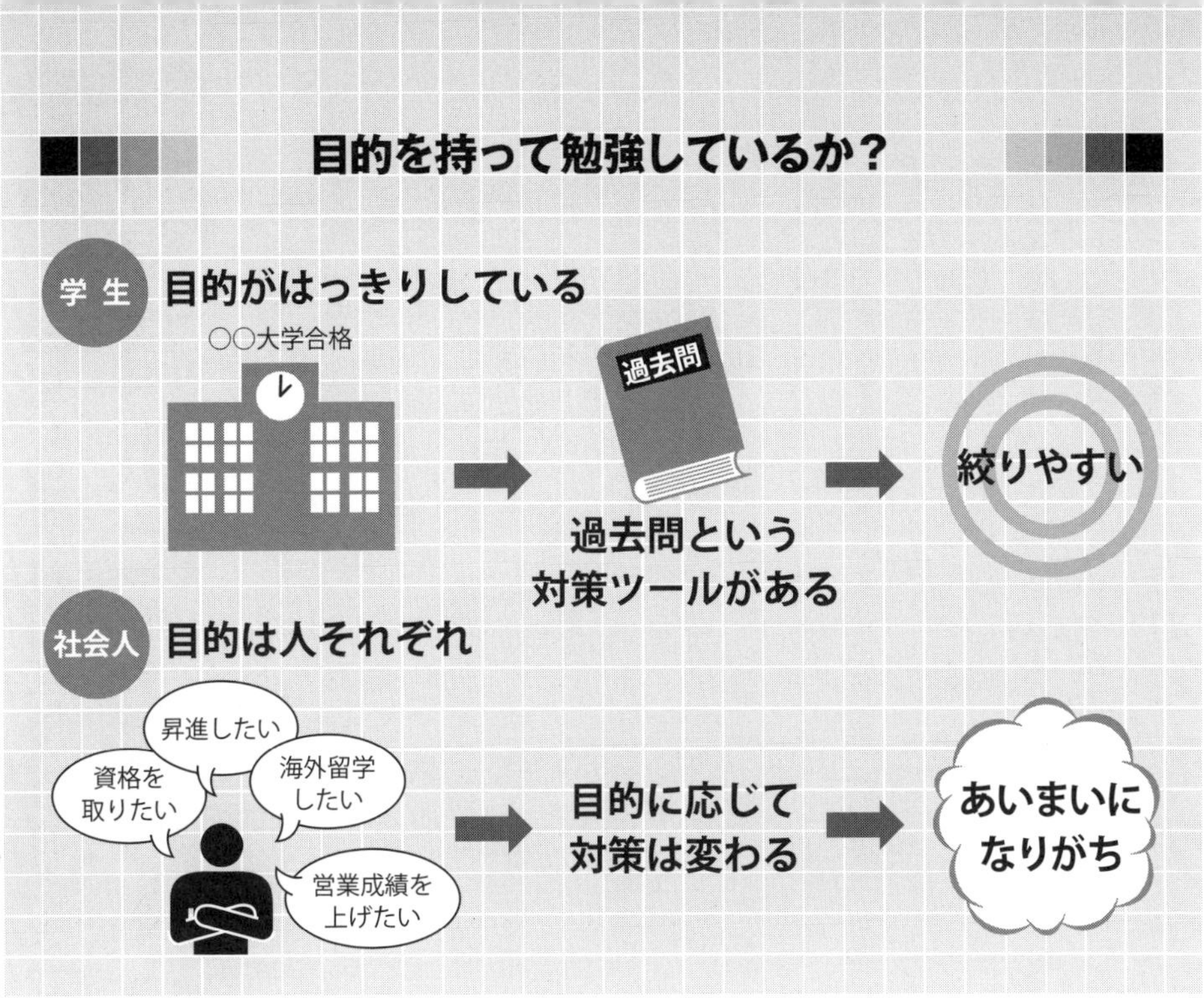
目的を持って勉強しているか？
学生
目的がはっきりしている
○○大学合格
過去問
過去問という
対策ツールがある
絞りやすい
社会人
目的は人それぞれ
昇進したい
資格を
取りたい
海外留学
したい
営業成績を
上げたい
目的に応じて
対策は変わる
あいまいに
なりがち

では、ようやく目的を定めて勉強をし、その結果、資格取得や英語力の向上という成果につながったとしよう。

しかし、社会人の場合、それがゴールではないはずだ（このことについては、Chapter 5 でも述べる）。

資格を苦労して取っても、社会的地位が上がり、ステップアップできなければ成功とはいえないし、いくら英語が流暢になっても、それを使ってビジネスで活躍できなければ意味がない。資格も英語も道具にすぎないのである。

ここで、大人の勉強には2段階あることを知ってほしい。知識化によって資格やある能力（たとえば英語力）を身につけた段階のあとに、2段目があることを忘れてはならない。

つまり、その知識を生かし、社会で活躍できる「頭のよさ」を身につける必要がある。

そこでこの章では、「頭のよさ」をキーワードに認知心理学の立場からアプローチし、その勉強法を提案していきたい。

Essence 2

認知心理学が捉えた「頭のよさ」とは？

頭がよくなる3つのプロセス

終身雇用が崩れたＩＴ時代の昨今、もはや知識だけの学歴秀才の頭のよさでは通用しないといわれている。

いっぽうで、能力主義、競争社会の到来で、ますます頭のよさが求められるという話を聞くのも事実である。では、その「頭のよさ」とは、いったい何を指していうのか――。

この「頭がいい」という捉え方には、大きく２つの流れがある。

ひとつは、ハーバード大学のハワード・ガードナーが唱えた多重知能という考え方だ。人間の知能は、ひとつの物差しで測れるものではなく、身体運動的能力、音楽的能力、言語的能力、論理数学的能力など複数の能力の組み合わせから成り立っているという説である。

たとえば音楽的能力が、他人よりずば抜けてよければ、それはひとつの頭のよさとして認められるはずだ。

もうひとつの流れが、これから詳しく紹介していく認知心理学のアプローチである。認知心理学というと難しく聞こえるかもしれないが、端的にいえば、コンピュータの情報処理のプロセスをモデルにして、人間の知的活動を研究する学問である。

この認知心理学においてカギとなるのは、「知識」と「推論」、そして「メタ認知」と呼ばれる能力である。この３つの能力を高め、問題解決を図れることが、頭のよさと置き換えていいのではないかという考え方である。

では次に、それぞれについてもう少し詳しく解説し、そのあとでその能力を高める手法を述べていくことにしよう。

「頭がいい」をどう捉えるべきか？

2つの流れ

多重知能説のアプローチ

ハワード・ガードナーが唱えた説で、万能の知能がひとつあるのではなく、複数の能力の組み合わせが知能だとする考え方

① **内省的能力**
② **論理数学的能力**
③ **言語的能力**
④ **対人的能力**
⑤ **身体運動的能力**
⑥ **音楽的能力**
⑦ **博物的能力**
⑧ **空間的能力**

認知心理学的アプローチ

人間の知的活動を解明する認知心理学によれば、知識、推論、メタ認知を使って問題解決を図れる能力

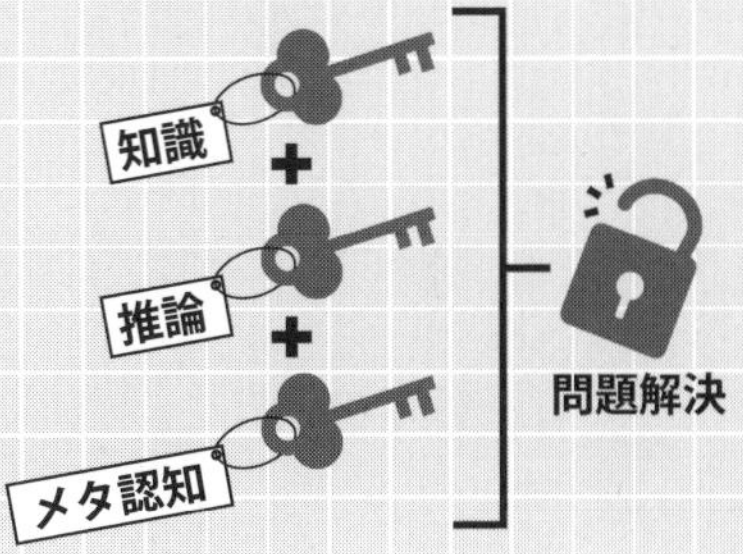

COLUMN

学歴と頭のよさは相関している？

学歴が頭のよさを示しているのか――。この問いについて、アメリカと日本の大学の入試状況を比較することで考えてみたい。

アメリカの名門大学への入試では、それまでの学生時代のアクティビティ（課外活動）やレポートの評価が加わるため、ペーパーテストの勉強に割ける時間はあまりない。

にもかかわらず、ペーパーテストできちんと点数を取らなければ受からないわけだから、いわば地頭のよさが見られてしまう傾向がある。

いっぽう、日本の大学入試の場合は、対策（ハウツウ）がはっきり示されているので、一定の時間をかければ、ある程度の結果が出せるだろう。地頭のよさよりは、対策をきちんとこなす努力がものをいう側面がある。

つまり、日本の場合は、高学歴だから頭がいいとは言い切れないとも考えられるわけだ。

それでも、名門大学に入るには、努力もさることながら、知識や推論は必要であり、その点からも、ある種の頭のよさを示しているといえそうだ。

Essence 3

「問題解決」に結びつける「知識」の使い方

正しい推論が成功の秘訣

人は日々、さまざまな問題に直面し、解決するための答えを出そうとしている。ここでいう問題とは、解決したい事柄や課題である。

商談やプレゼンテーションを成功させる方法も、取引先を接待するのも、取り組むべき問題といっていいだろう。

そのとき、当然「知識」が必要になる。これを言い換えれば、外から取り入れた情報が頭に残り、思考の材料として使えるようになったものだ。専門用語や人名など断片的なものだけでなく、学習や経験の積み重ねたものも指している。

次に、その知識に基づいて、「この技術が使える、いや、こっちの方法がいい」と、問題に合わせて、解決の糸口となるヒントを「推論」する必要がある。

頭のよい人は、使える知識を多く身につけたうえで、さまざまな推論ができるので、いろいろなシチュエーションの問題解決ができる。逆に、これまでの知識に縛られてしまって、場合に応じた柔軟な推論ができない人は、知識は豊富だが頭がよいとはいい難いということになる。

これら「知識」と「推論」のほかに、もうひとつ重要になってくるのが「メタ認知」である。あまり聞き慣れない言葉かもしれないが、これは、推論する際「自分の考え方に偏りがないか、または感情に左右されていないか」など、自分の認知活動をモニターするように点検する能力である。

万一、自分に都合のいい情報や推論の偏りで判断していることに気づけば、それを修正し、正しい答えを導くことができる。

このメタ認知が働く人は、概して勉強や仕事ができる人である。

知識とは何か？

情報と知識の違いを知る

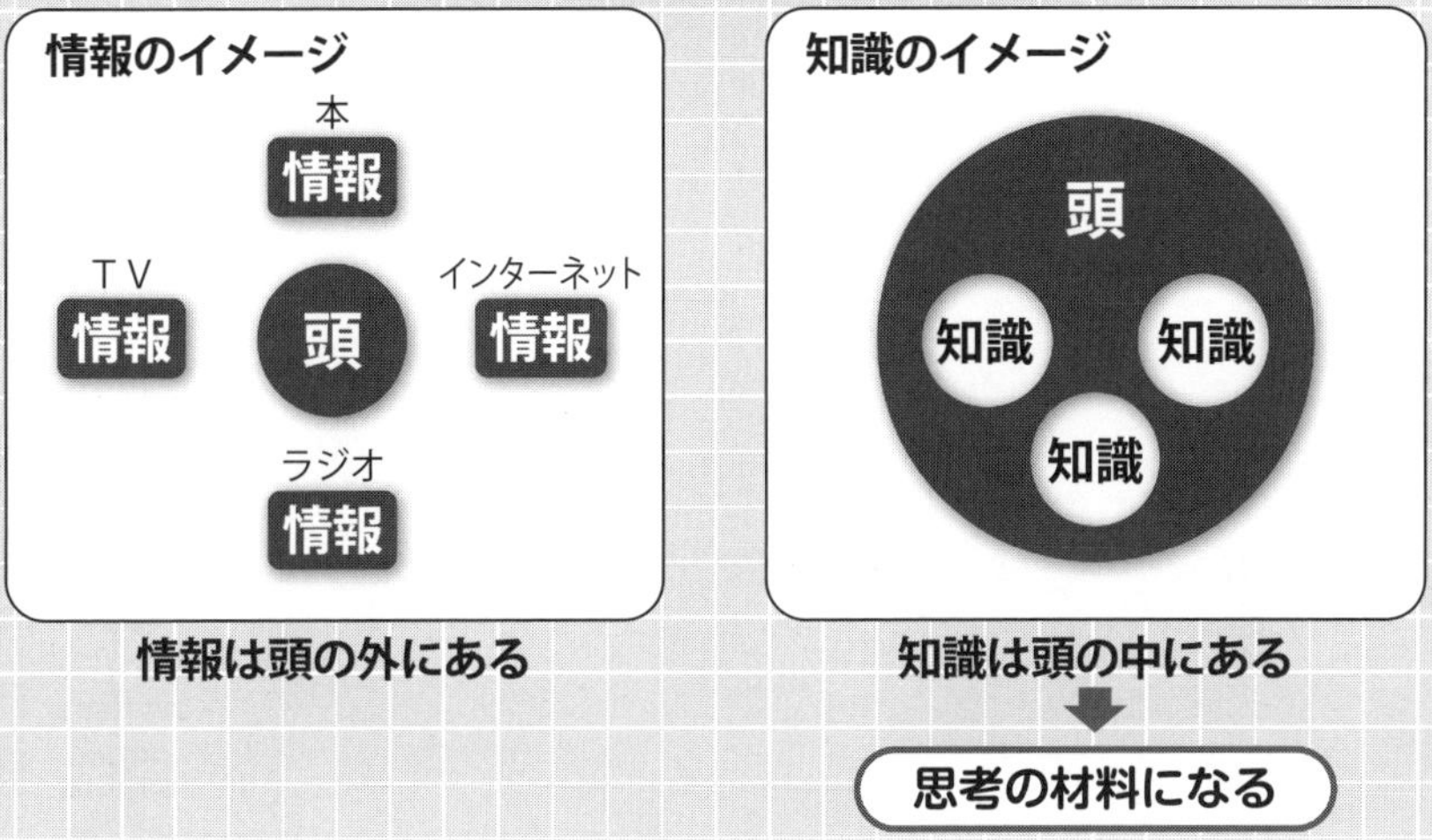

情報のイメージ
本
情報
TV
情報
頭
インターネット
情報
ラジオ
情報
知識のイメージ
頭
知識
知識
知識
情報は頭の外にある
知識は頭の中にある
思考の材料になる

推論とは何か？

推論 ＝問題解決のために、知識を用いて考える過程

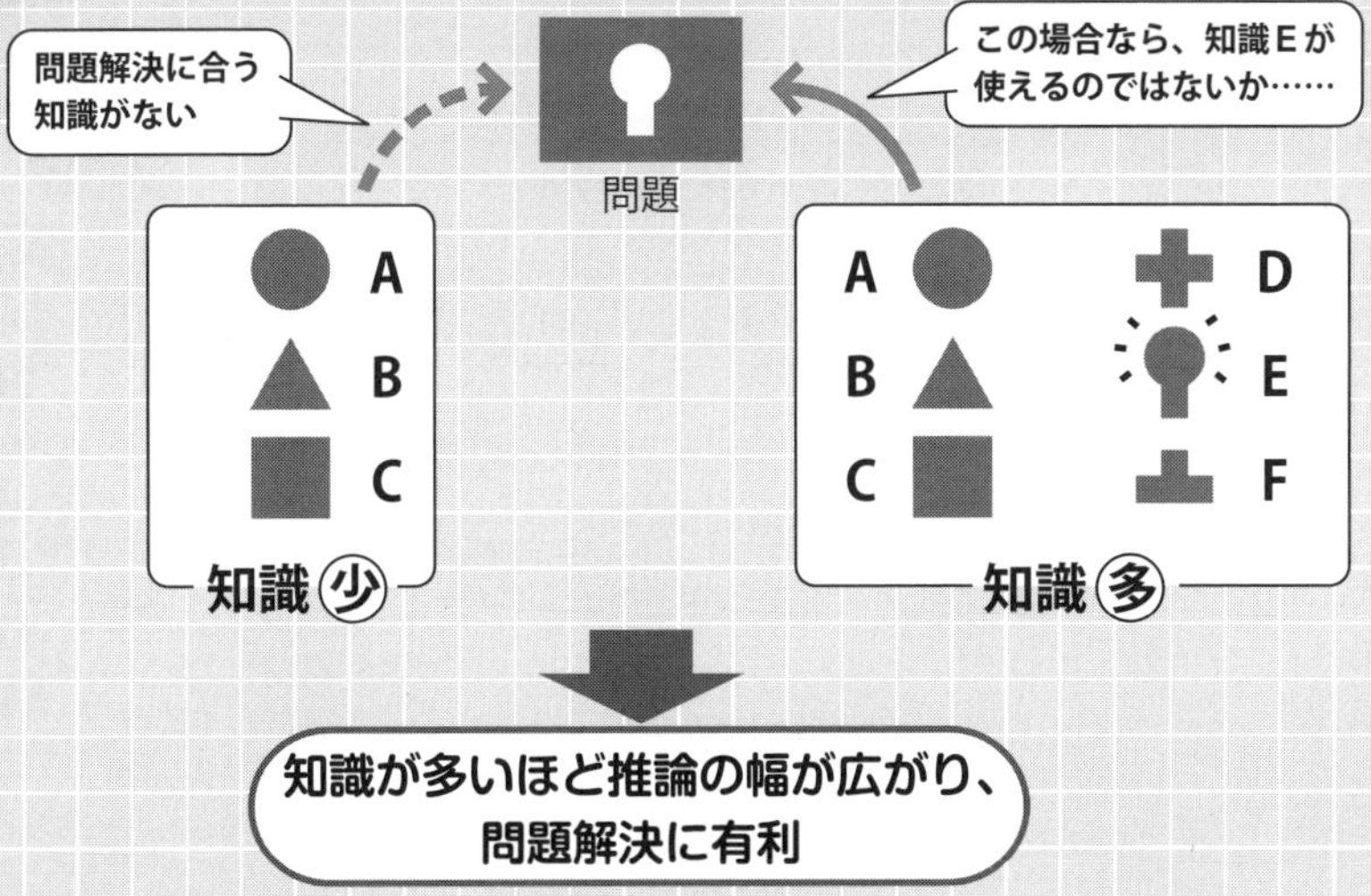

問題解決に合う
知識がない
問題
この場合なら、知識Ｅが
使えるのではないか……
A
B
C
知識少
A
B
C
D
E
F
知識多
知識が多いほど推論の幅が広がり、
問題解決に有利

Essence 4

知識を増やすコツ①

入力段階の工夫で記憶力を上げる

ここからは、認知心理学の立場から勉強の具体的方法を紹介していく。

まずは「知識」の増やし方だ。これはすなわち、推論の材料となる知識が増えるように、勉強した内容をできる限り記憶にとどめておくことにほかならない。

記憶力アップの方法については、Chapter 4 に譲るとして、ここでは、記憶には3段階あるとする心理学のモデルを簡単にまとめておく。

それによれば、知識の入力に相当する「記銘」、知識の貯蔵に相当する「保持」、知識の出力に相当する「想起」があり、それぞれの段階で対策を練るのが効果的である。

ここでは、第1段階の「記銘」をうまく進める方法について述べておきたい。それは、注意のレベルと理解のレベルを高めることである。

まず、注意のレベルについて。内容にしっかりと意識（注意）を向け、集中力を維持できれば、それだけ覚えやすくなるのは事実である。

そのため、たとえばワイン通の人が、数多くのワインの名称や由来などを苦もなく覚えられるように、何を勉強するのかというテーマによって大きく影響される。言い換えれば興味のある事柄、関心のあるテーマを選ぶことである。

むろん昇進試験や資格試験といった勉強では、テーマを選ぶ余地はないが、この場合、強い動機づけが注意力を高めてくれる。そのためにも、目的をはっきりさせることが重要なのだ。

人に説明して理解度をチェック

もういっぽうの理解のレベルは、注意よりも意識

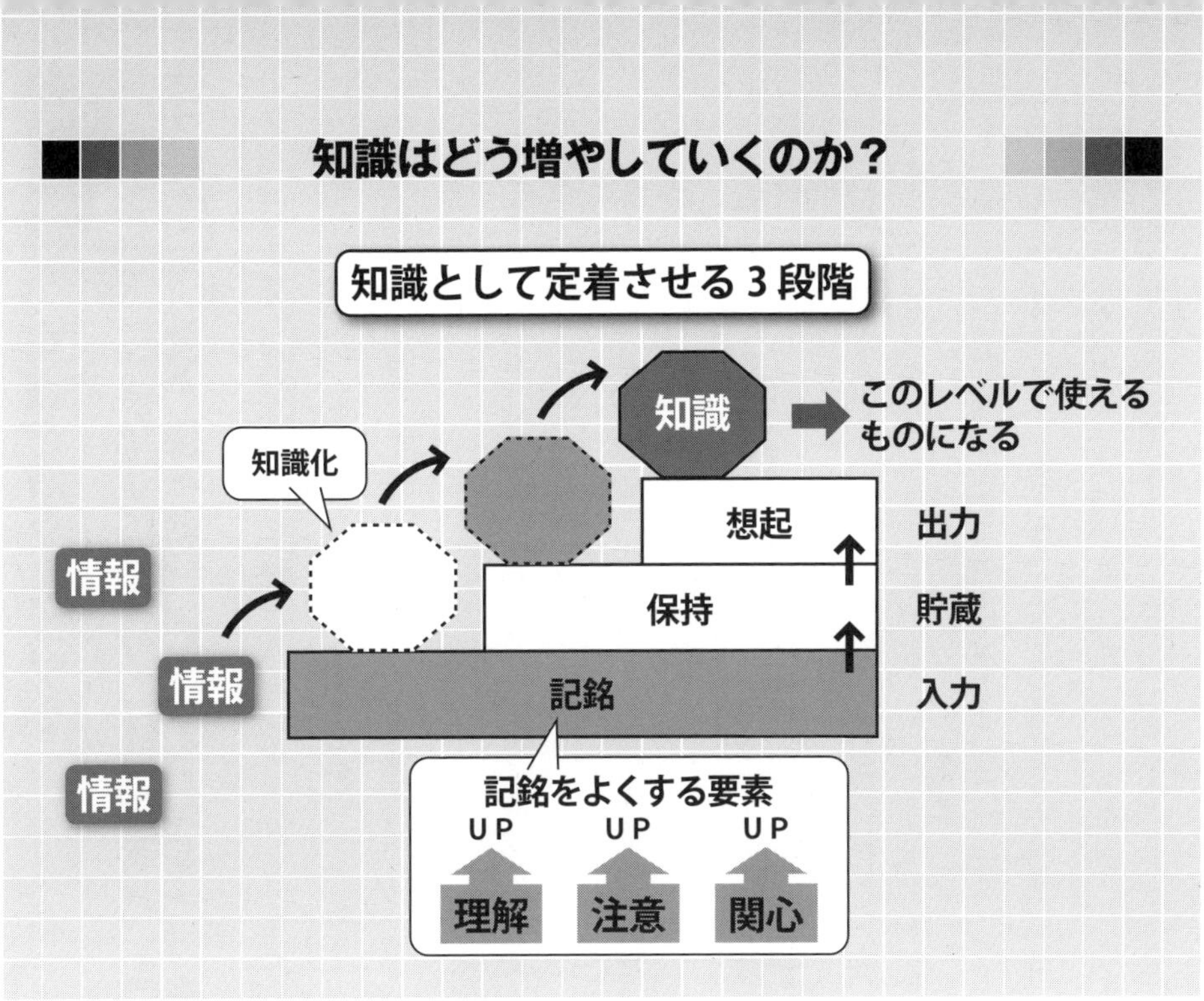
知識はどう増やしていくのか？
知識として定着させる３段階
知識化
知識
このレベルで使えるものになる
想起
出力
保持
貯蔵
記銘
入力
情報
情報
情報
記銘をよくする要素
UP
UP
UP
理解
注意
関心

することで高めやすい。なぜなら理解を助ける工夫ができるからである。

たとえば、いきなり難解な専門書を読んでも頭に入るはずがない。自分の現状レベルに合う入門書、解説書からはじめることが先決である。

また、その分野に詳しい知人、友人に教えてもらったり、わかりやすいと評判のスクールの講義を受けたりするといった方法もあるだろう。

さらに本当に理解できているのか、わかったつもりになっていないのか、こまめにチェックすることも大事である。

そのためには、友人や恋人、配偶者に勉強したばかりの内容を教えるつもりで話すという方法がおすすめである。

うまく解説できればＯＫ。もし途中で説明があやふやな箇所が見つかれば、その部分を再度勉強し直し、理解に努めればよいのである。

次項では、知識の貯蔵である「保持」について見ていこう。

Essence 5

知識を増やすコツ②

短時間の復習で記憶を保持する方法

入力の次の段階は、貯蔵に相当する「保持」である。頭に入れたものを記憶にとどめることであり、この段階でなにより効果が上がるのは反復、つまり復習だ。

よく「最近、記憶力が落ちて……」と嘆く社会人がいるが、実態は、きちんと復習をしていないことが多い。社会人は、とかくふだんの仕事に追われ時間がとれないし、反復は最初のときに得た新鮮さに欠けるため、復習を疎かにしているケースがほとんどである。

思い返してほしいが、学生時代でも教科書を一度読んだだけで、テストで高得点を取れたわけではないはずだ。何度も復習を繰り返したはずである。

復習がどうしても苦手だという人は、かける時間やタイミングを工夫することだ。復習の時間は長くなくていい。

ある心理実験では、単語を覚え、その半分の時間をかけて復習すると保持率が高まったが、覚えるのにかかった時間をかけて復習しても保持率に大差がなかったのである。

ポイントは効率だ。たとえば10の用語を、1時間で覚えたとしよう。復習しないと翌週には4つしか覚えていないのに対し、10分の復習を入れることで8つまで覚えていられたら、その10分で4つを記憶したのと同じことになる。

このように復習するタイミングを間違えなければ、極めて効率よく記憶できるのである。

最後に注意点を付け加えるなら、やたらと何でも覚えようとしないことだ。新しい何かを覚えると、前に覚えたことを忘れるのが当たり前（心理学では逆向抑制といわれる）。余計なことまで覚えようとせず、復習に徹することが有効な対処法である。

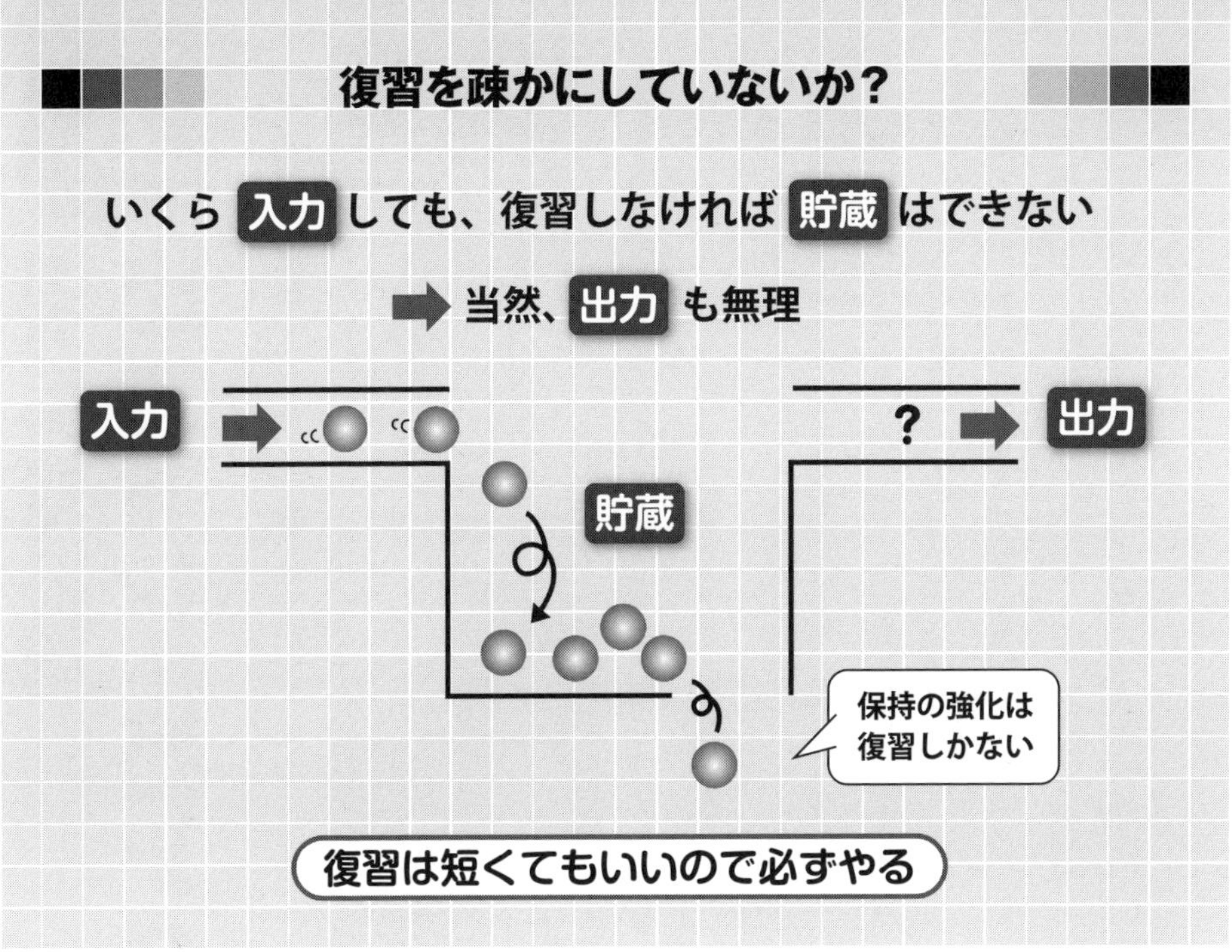
復習を疎かにしていないか？
いくら 入力 しても、復習しなければ 貯蔵 はできない
当然、出力 も無理
入力
?
出力
貯蔵
保持の強化は
復習しかない
復習は短くてもいいので必ずやる

COLUMN

問題解決型思考から問題発見型思考へ

認知心理学では、豊富な知識で、幅広い推論を行ない、与えられた問題に対して解決する能力、つまり問題解決能力が高いことが「頭がいい」とされてきた。

しかしここに、もうひとつの考え方がある。それは、問題発見型思考ができることだ。

従来の問題解決型思考は、与えられた問題のなかで正しく解決を図るというものだが、問題発見型思考は、自ら問題を作り出す力である。

数学の世界でいえば、問題を解く能力より、360年間解かれなかった「フェルマーの最終定理」のような難問を作る能力がこれに当たる。このような能力の持ち主のほうが数学者としての評価は高い。

実社会に置き換えれば、たとえば「これからの時代、何がヒットするか」「ビジネスの種はどこにあるのか」といったテーマをつねに考えられる態度、問題を見つけようとする姿勢が重要になる。

答えが見えない時代こそ、問題を見つける能力が問われつつあるともいえそうだ。

Essence 6

知識を増やすコツ③

出力トレーニングが記憶の仕上げ

知識を記憶するための最終段階が、出力に相当する「想起」である。

「思い出したいことが、のどまで出かかっているのに出てこない」という経験をしたことがあるだろう。

せっかく勉強して頭に入力し、復習で貯蔵しても、出力がうまくいかないと、実社会で役に立たない。自在に使いこなせないのでは、無駄になってしまう。

大人になると何かを入力しても、次々に多くのことが上書きされていくので、引き出すトレーニングはとくに大事である。また、大人の勉強でいちばん不足している部分なので、強く意識して行なうといいだろう。

出力のトレーニングとは、ひと言でいえば、リハーサルである。

代表的例が、入力の段階でもすすめた他人に教える方法だ。覚えたつもりでも忘れていることはよくあるし、間違って覚えてしまっていることもある。他人に説明する、つまり出力して初めて記憶は定着しているといえるのだ。

ほかに、紙に書き出す方法も効果的だ。覚えたことを用いて、説明文を自分なりの文章に起こしてみる。最近の時勢に倣えば、ブログで発表するという手法もいいだろう。

解説書を読んだり、講演を聞いたりしただけでは、最終段階までいきつかず、自在に使える知識となりにくい。

たとえば、上手なプレゼンテーションの方法を学んでも、実際に行なってみなければ、うまく使えるようにならないのは当たり前である。記憶の総仕上げとして出力トレーニングは必要不可欠である。

なぜいつも思い出せないのか？

記銘・保持・想起にかけるトレーニング量に偏りがないかチェックする

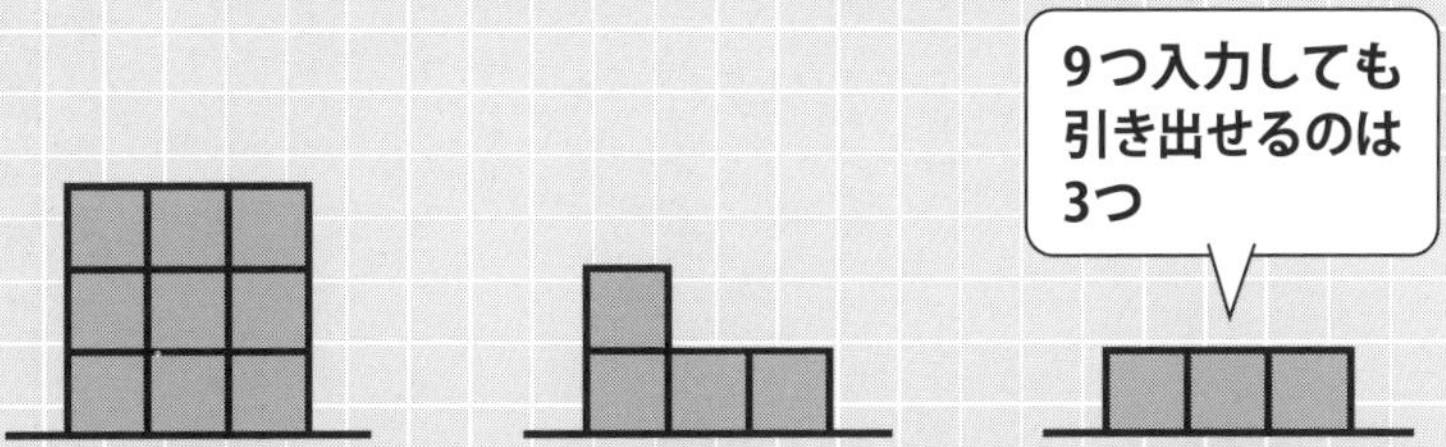

記銘 → 入力ばかりに力を入れる

保持 → 復習を怠る

想起 → 役に立つのはわずか1/3

大人は保持と想起のトレーニングが乏しい

想起はどうすれば鍛えられるのか？

引き出すためにはリハーサルをする

リハーサルのアイデア

人に教える

ブログで発表する

紙に書き出す

問題集を解く

（資格試験の場合）

Essence 7

シミュレーション、別分野への応用、多面的な見方を

推論を高めるトレーニング

知識を増やすトレーニングの次は、そうして豊富になった知識を材料として、いかに実社会で役立つ推論をするかである。ここでは、推論の質を高める勉強法を紹介する。

ひとつは、獲得した知識を使ってのシミュレーションやディベートが挙げられる。

たとえば、世界経済について勉強したら、今後の動きを予測してみる。何が起こり、どんな事態となりうるか、3か月後、半年後、1年後など設定して考えてみるといい。もし経済通の友人がいるなら、ぜひ、議論を戦わせてみてほしい。思わぬ着眼点が見つかる可能性は高い。

もうひとつは、勉強したことを別の分野に応用して推論するのもトレーニングになる。

たとえば新人教育について学んだあと、その知識を営業活動にも生かせないかと考えてみる。転職や独立を考えている人なら、目指す職業において、これまでの経験を生かす方法を検討してみるという具合だ。

別の分野で使っていた知識を新しい領域に当てはめてみることで、これまでとは違う使い方が見えてくる場合がある。

異なる側面からものを見よう

物事を多面的に見るよう日頃から意識するのも、推論の力を養うには効果的である。テレビや新聞で興味をひかれるニュースに触れたら、「もしこういう立場なら」と何通りにも想定して考えてみる。野球ファンならドラフト制度の存続について、ファンの立場としてだけでなく、選手、各球団、さらにはスカウトなどの立場にたって考察するのだ。

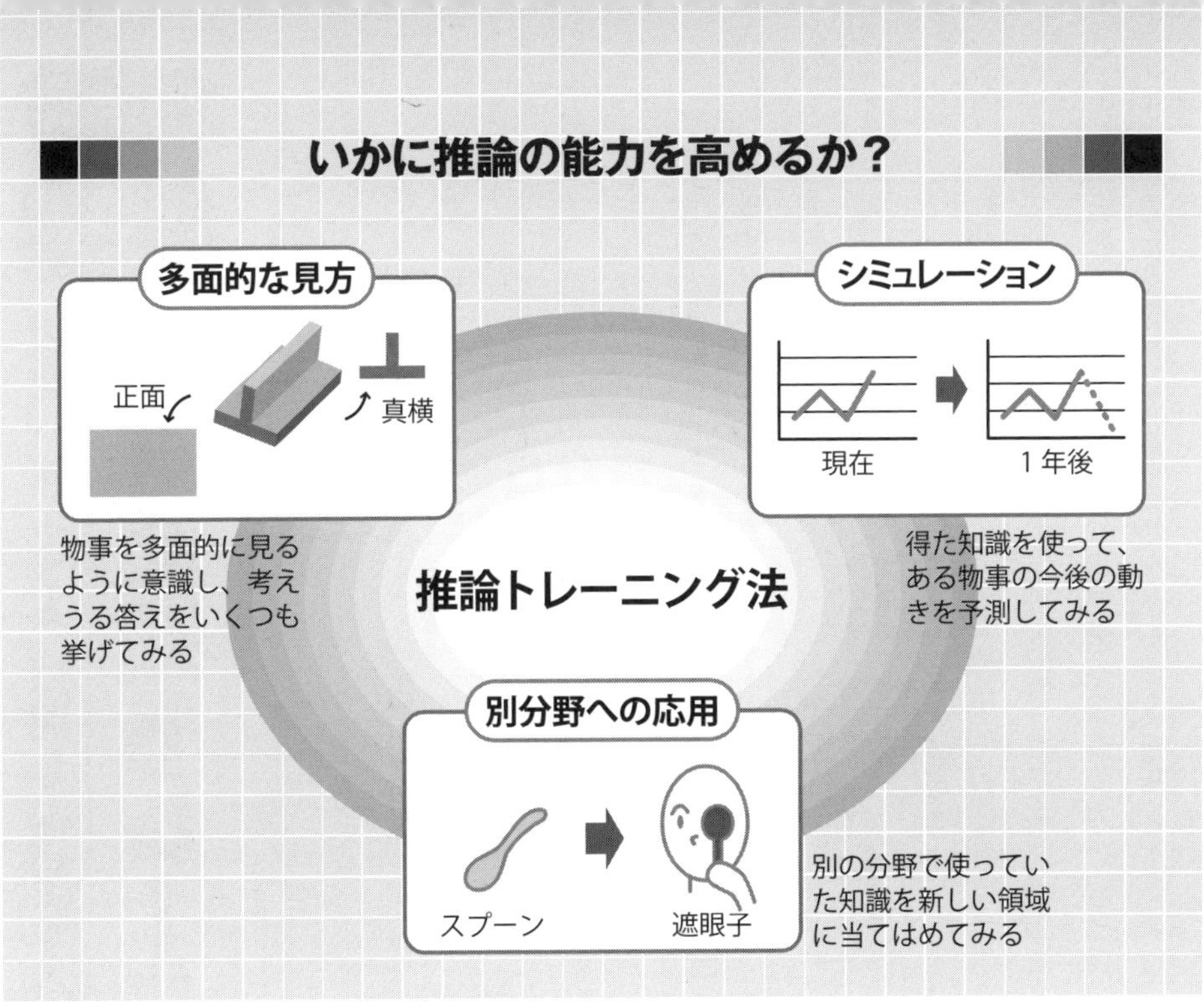
いかに推論の能力を高めるか？
多面的な見方
正面
真横
物事を多面的に見るように意識し、考えうる答えをいくつも挙げてみる
シミュレーション
現在
1年後
得た知識を使って、ある物事の今後の動きを予測してみる
推論トレーニング法
別分野への応用
スプーン
遮眼子
別の分野で使っていた知識を新しい領域に当てはめてみる

また、世間一般の見方や、会話をしている相手とはあえて異なる面から物事を見るといい。

たとえば、「デノミネーションが起きると、モノの値段が安く見えるから消費を促す心理が働く」などという意見を聞いたら、「貯金の額も安く見えるから、かえって財布のひもを締めるかもしれない」とも考えられるはずだ。

このように、考えうる可能性をいくつも思い巡らせるのである。

以上、紹介してきた「シミュレーション」「別分野への応用」「多面的な見方」をヒントに推論を行なってみてほしい。

ただし、トレーニングとしてはよくても、実際の問題解決の場合は、あまりに推論を広げすぎないように注意する。結論が出しにくくなるからだ（実社会では結論が求められる）。

いま何が求められているのか、できる限り明確にする。売上げを伸ばすという課題であれば、売る対象、最大の値引き率などにまず着目する。そうして推論の方向性を絞り込むことである。

Essence 8

思考パターンを自問し、検証する
メタ認知トレーニング

状況に応じた推論を行ない、問題を賢く解決するには、メタ認知をうまく働かせる必要がある。前述してきた通り、自分の思考パターンを俯瞰するようにモニタリングするのである。

ここから具体的な手法を述べていこう。

第一に行ないたいのが、自分の思考に自問する習慣をつけることだ。

・知識が十分に足りているか
・本当に状況に合う知識を用いているか
・自分に都合のいい推論をしていないか
・感情に左右されていないか

これらについて自分に問いかけるのである。

想像してほしい。売上げを伸ばす方法を考える際、自分の営業力に自信があれば、報奨制度のある個人戦を望み、自信がなければチーム制がいいと考えてしまうのではないだろうか。

知識人・文化人と呼ばれる人でも、自問をしないと推論が偏ることが多い。喫煙者が喫煙の害を低く見積もるように、人は自らの立場に有利な推論をしがちだ。

さらに、人は気分が沈めば悲観的な見方をしやすいし、怒りにかられると無謀な判断をしやすいものである。

自動思考は早めに矯正する

もうひとつ、自動思考による思考の偏りについても触れておきたい。

たとえば、上司に呼ばれて「咎められる」と、根拠なく思い込んでいるようなことはないだろうか。これが自動思考だ。上司に言われる前に、落ち込んだり、怒りや不安を募らせたりして、不遜な対応を

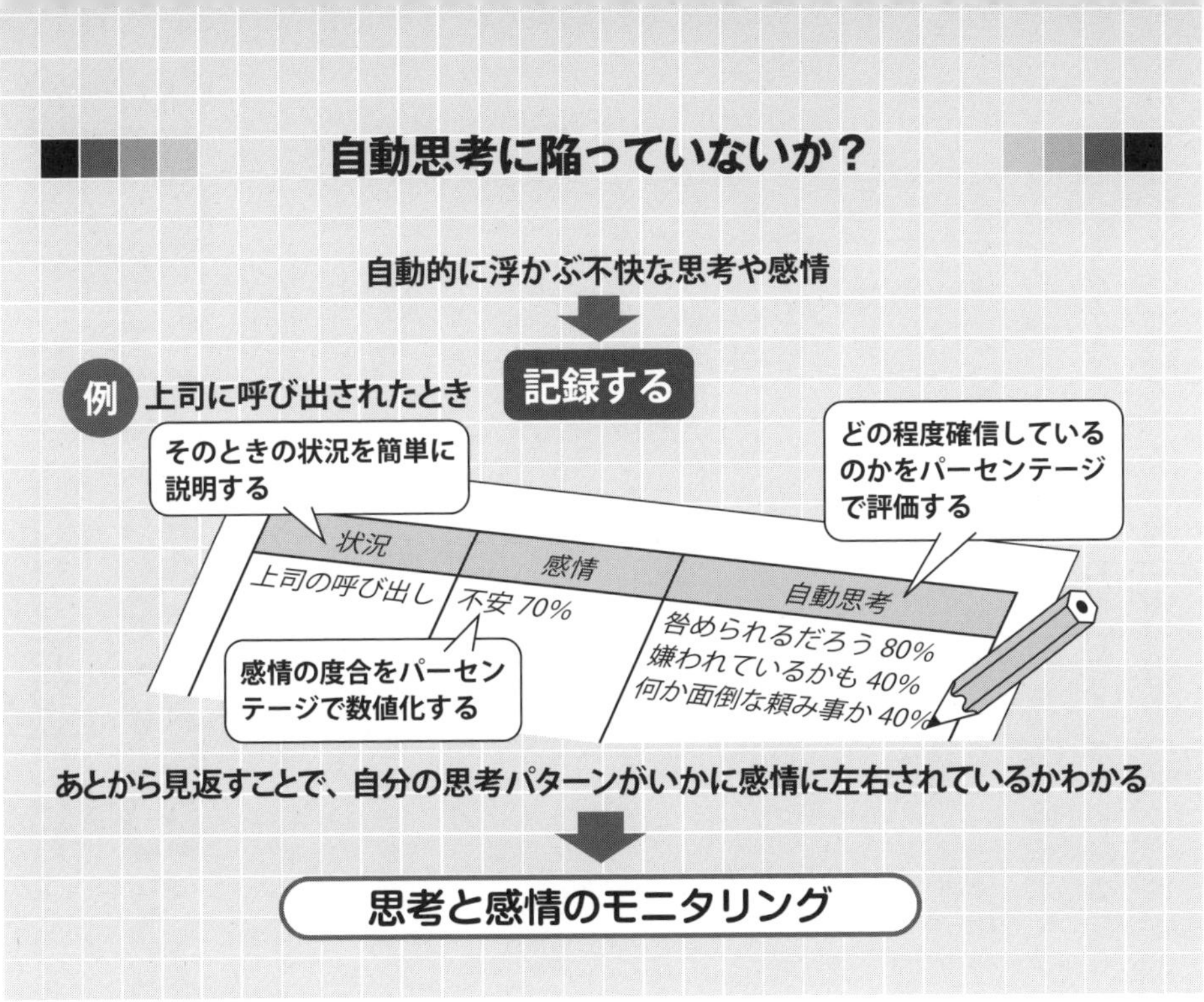
自動思考に陥っていないか？
自動的に浮かぶ不快な思考や感情
記録する
例 上司に呼び出されたとき
そのときの状況を簡単に説明する
どの程度確信しているのかをパーセンテージで評価する
状況
感情
自動思考
上司の呼び出し
不安 70%
咎められるだろう 80%
嫌われているかも 40%
何か面倒な頼み事か 40%
感情の度合をパーセンテージで数値化する
あとから見返すことで、自分の思考パターンがいかに感情に左右されているかわかる
思考と感情のモニタリング

してしまい、本当に上司を怒らせてしまう場合がある。そして「やはり怒っていた」と、自動思考を強化してしまうのである。

これでは、会社で昇進するどころか、トラブルメーカーになる。このような場合、早めの矯正が必要だ。

ある状況で自動的に浮かぶ不快な思考、感情の波があったら、すぐに紙に書き記録してみるといい。そのときの感情、考えたことを記し、起こる確率も書き添える。

あとから見返すことで、自身の思考パターンをつぶさにモニタリングできるはずだ。

以上の手法を身につければ、これまでの経験で得た知識にとらわれすぎていないかもチェックできる。人は、当てはまらない条件を例外扱いしたり、当てはまる部分にだけ注意を払ったりしやすい。一致しない情報は忘れて、一致するよう記憶を歪めることすらあるのだ。

適切な問題解決のためには、自分をモニタリングする術を持つことである。

Essence 9

「知性」「試行力」「精神力」をつける

「知的体力」の3要素が成功への架け橋

社会的成功を考えるうえで、これまで紹介してきた認知心理学の手法に加え、もうひとつのポイント、「知的体力」について紹介しておかなければならない。それは次の3つの要素から成り立っている。

①仮説を立てられる能力
②思いついたことを実行する試行力
③あきらめない精神力

これは新たなビジネスをはじめるプロセスを考えるとわかりやすいだろう。

まずは「これはビジネスになるかも」「こういう方法ならいけるかも」と、仮説を立てることである。これがないとはじまらない。当然、自分の知識がベースとなるから、勉強や経験を重ねた豊富な知識を持っている人のほうが有利になる。

次に必要になるのが、実際に試してみることだ。せっかくおもしろいビジネスを思いついても、実行に移さなければ何も生まれない。

しかし、頭だけで考えて行動に移さない人、何もしない人がいかに多いことか。当たり前だが、成功している人は皆、実行した人である。

そして3つ目の精神力。考えてもみてほしい。斬新なアイデアともなれば、1回試しただけで成功する確率は極めて低い。瞬発力だけでうまくいくほど甘くない。あきらめずに挑み続ける精神力が、極めて重要になる。「これ以上やっても無駄」「自分は結局、頭が悪い」などとすぐ考えるのは、知的体力の欠如にほかならない。

そういう意味もあって、ここで「知的体力」という表現をしているのである。

成功する人とはどんな人か？

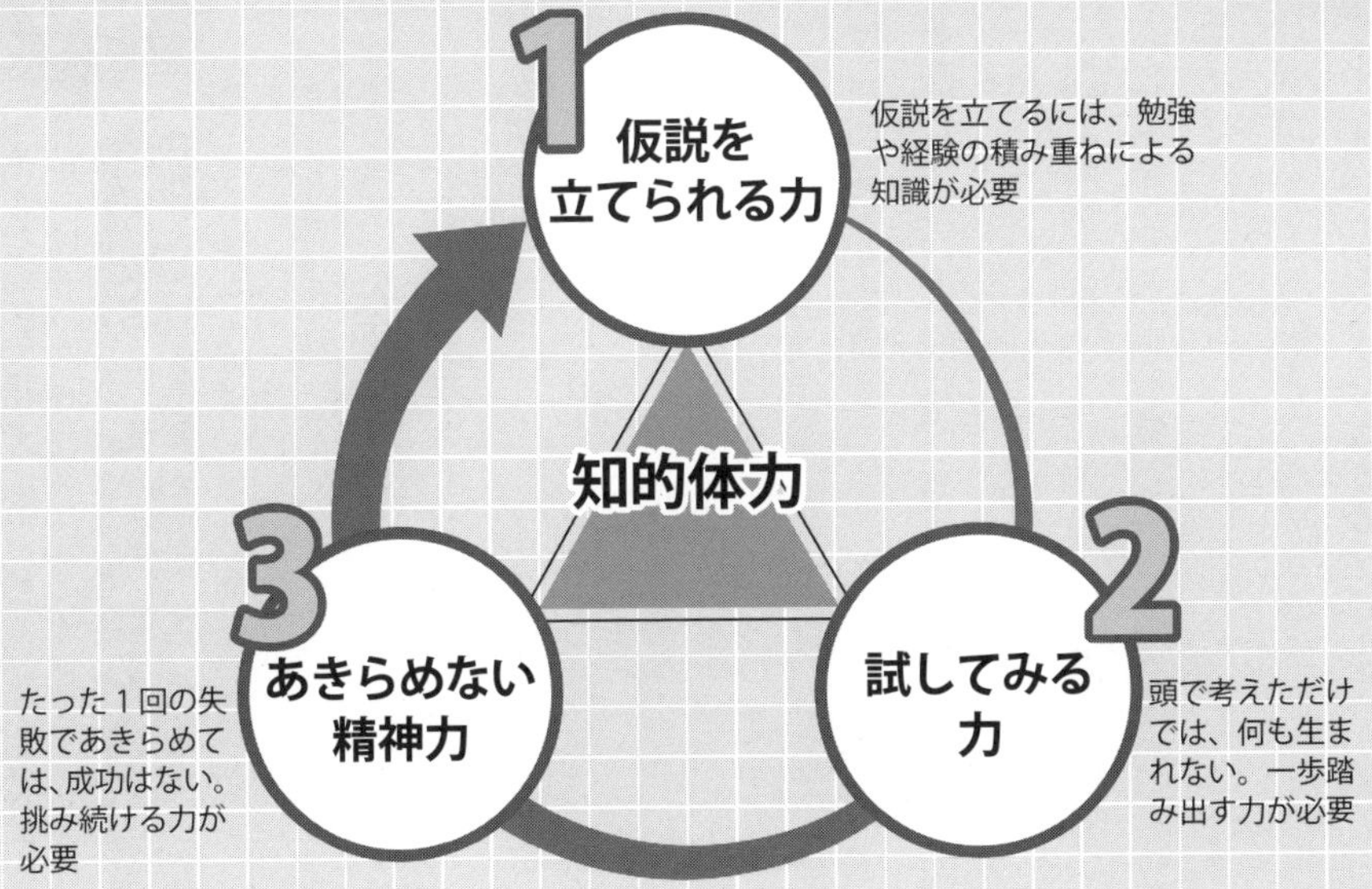
1
仮説を立てられる力
仮説を立てるには、勉強や経験の積み重ねによる知識が必要
知的体力
2
試してみる力
頭で考えただけでは、何も生まれない。一歩踏み出す力が必要
3
あきらめない精神力
たった１回の失敗であきらめては、成功はない。挑み続ける力が必要

COLUMN

「そうだったのか思考」から脱却せよ

世界情勢が混迷しているせいだろう。昨今のテレビは、世界経済や国際情勢などについて、専門家や知識人が、やさしく解説するという教養番組が花盛りである。

たしかにそれを見て、自分の知らなかった知識を得ることに意義がないとはいわない。

しかし、専門家の「円高によって、こうなります」という答えに、「そうだったのか！」とうなずきながら、それで終わっている人がいる。これでは、頭のいい人とはいい難い。

専門家の意見はひとりの意見として、「そうかもしれない」と思いながら、「ではほかの人はどう考えているのだろうか」「ほかのデータはないのか」と、自分で調べてみることだ。

いまや簡単にインターネットを用いて調べられる時代である。

ネット上には、立場の違うほかの人の考え方やまったく別の統計があったりするものだ。

ひとつのことについて、複数の答えを用意できる人こそ、いまの社会に求められる頭のいい人である。

Essence 10

必要な時間を確保し無駄を削るコツ

時間に優先順位をつける

ここからは時間の使い方について考えていきたい。大人の場合、勉強の中身もさることながら、時間の使い方が極めて重要な要素だからだ。

限られた時間を浪費しないためには、何を優先するのか、順位をつけて考える習慣をつける。そうすることで、必要不可欠な時間を見極めると同時に、削るべき無駄な時間が浮かび上がる。

自分にとっての優先順位をつけてみてほしい。ここでは一例を示しておく。

優先順位1位は、睡眠や食事、会社勤務など「生きるために必要な時間」である。

よく睡眠時間を削って勉強しようとする人がいるが、これは感心しない。減らしすぎると脳の働きが悪くなり、肝心の仕事にも影響する。これでは、時間の浪費ばかりか、弊害になりかねない。

見直すなら、30分早く起きる、帰宅後に30分の仮眠をとり就寝時間を1時間遅らせるなど、自分のコンディションと生活スタイルを見ながら微調整することである。

食事については価値観にもよるので一概にいえない。ただ、ゆっくり楽しみたいという人が、無理に時間を短くしたり、抜いたりする必要はないだろう。

労働時間も生きる糧を得るのに削れない時間である。もし勤め先がフレックス制をとっているなら、自分の勉強時間に合わせ、勤務時間帯を調整するのも一法である。

楽しみを作ると能率が上がる

優先順位2位は、「勉強とその能率維持のための時間」だ。実際に勉強する時間に加え、休養や自分

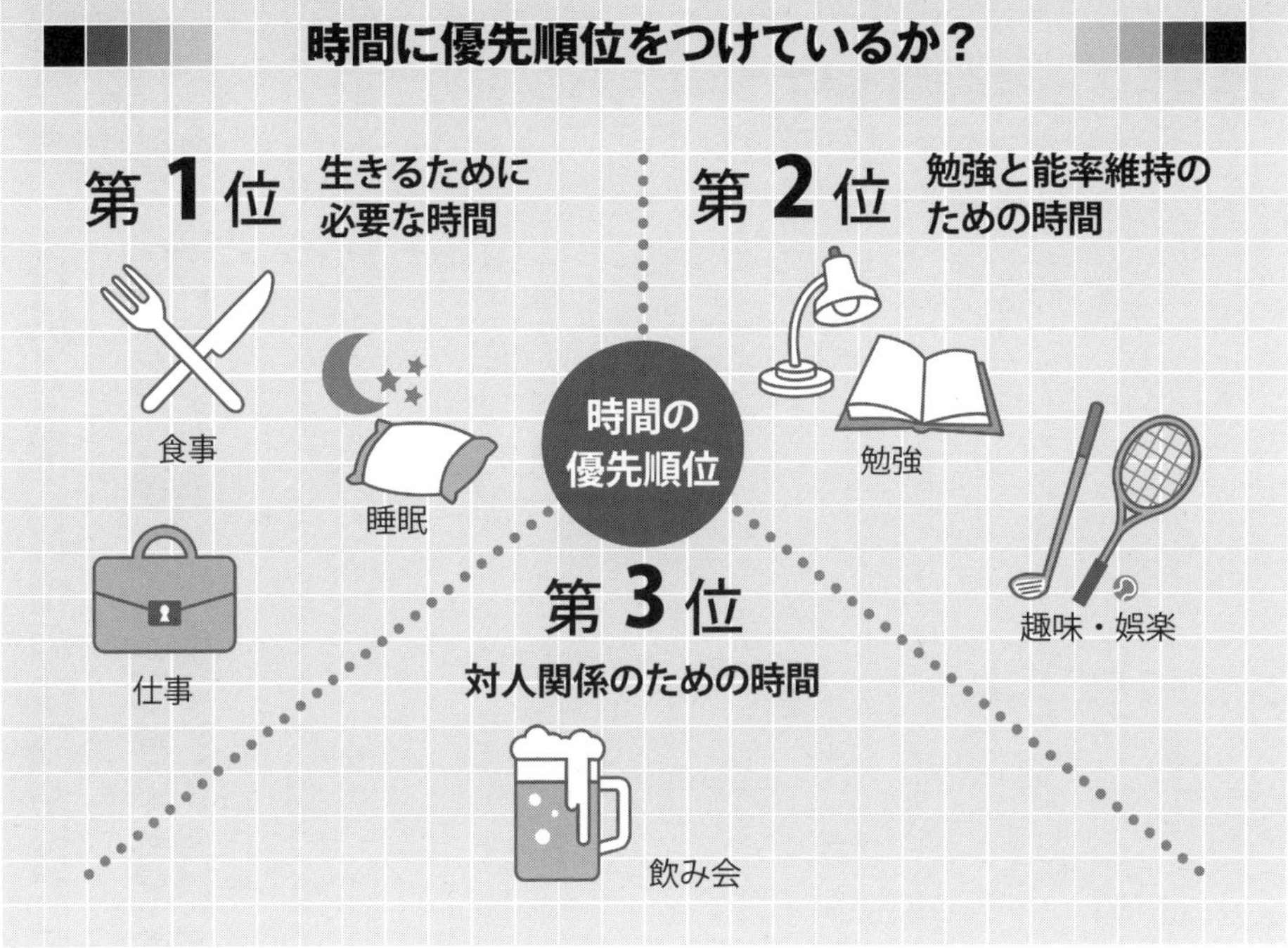
時間に優先順位をつけているか？
第1位 生きるために必要な時間
第2位 勉強と能率維持のための時間
時間の優先順位
食事
睡眠
勉強
仕事
趣味・娯楽
第3位
対人関係のための時間
飲み会

へのご褒美としての娯楽もこれにあたる。

勉強が予定通りに進んでいる場合は、週末に好きな映画やスポーツに時間をとるなど、お楽しみを用意しておくと、勉強の励みになり能率もかえって上がる。

反対に、無計画でごろごろしたり、だらだらとテレビを見続けたりするのは無駄な時間である。この不用な時間が多い社会人に限って時間がないと嘆いているものだ。

第3位は「対人関係のための時間」。社会人ともなれば、どうしても人づき合いがある。対人関係能力も、頭のよさの重要な要素であり、人づき合いにかける時間を必要以上に削るべきではない。

ただ、会ってもストレスになるような人、何かを教わる可能性もない人、いつも深酒になり翌日にさしつかえる人など、相手によってはセーブする必要があるだろう。

その際、相手に優先順位をつけ、回数を決めるのもひとつの方法である。

Essence 11

1日のなかに黄金の時間が埋れている

勉強量を軸に能率を上げる

限られた時間を有効に使うには、単位時間あたりの能率を上げることを考えてほしい。つまり、時間の密度を上げる方法である。

無理して1日2時間を費やしても、結果的に中身が薄く、1時間ぶんの勉強しかできなければ無駄である。

重要なのは「何時間勉強したか」ではなく、「どれだけの量を勉強したか」。この指標で測らなければ意味がない。

2時間我慢して勉強がはかどらないより、まずは30分と決めて集中し、それを長く続けたほうが効率的である。

そもそも人間の集中力が続くのは、せいぜい60〜90分程度が限界とされている。60〜90分を超えて勉強を続けるのであれば、休憩をはさみ、能率を上げる工夫をすることだ。

勉強に使う時間の密度を上げるという点で考えれば、すきま時間の利用は有効であることがわかるだろう。

仕事や移動、雑事の合間など細切れの空き時間は意外と多いものだ。このすきま時間がどれだけ自分にあるのか、自分の行動記録を1週間ぶんくらいつけてみるといい。

以前、話題を呼んだ岡田斗司夫氏のレコーディングダイエットのように、自分はこのとき、いったい何をしているのかをレコーディングすることにより無駄をあぶり出すのだ。

自分の行動が28ページで紹介した優先順位1〜3位のどれにあたるかチェックすれば、残った時間が無駄に過ごした時間である。

言い換えれば、その時間こそ、黄金の時間となるのである。

無駄な時間をそのままにしていないか？

行動記録をつけてすきま時間をあぶり出す

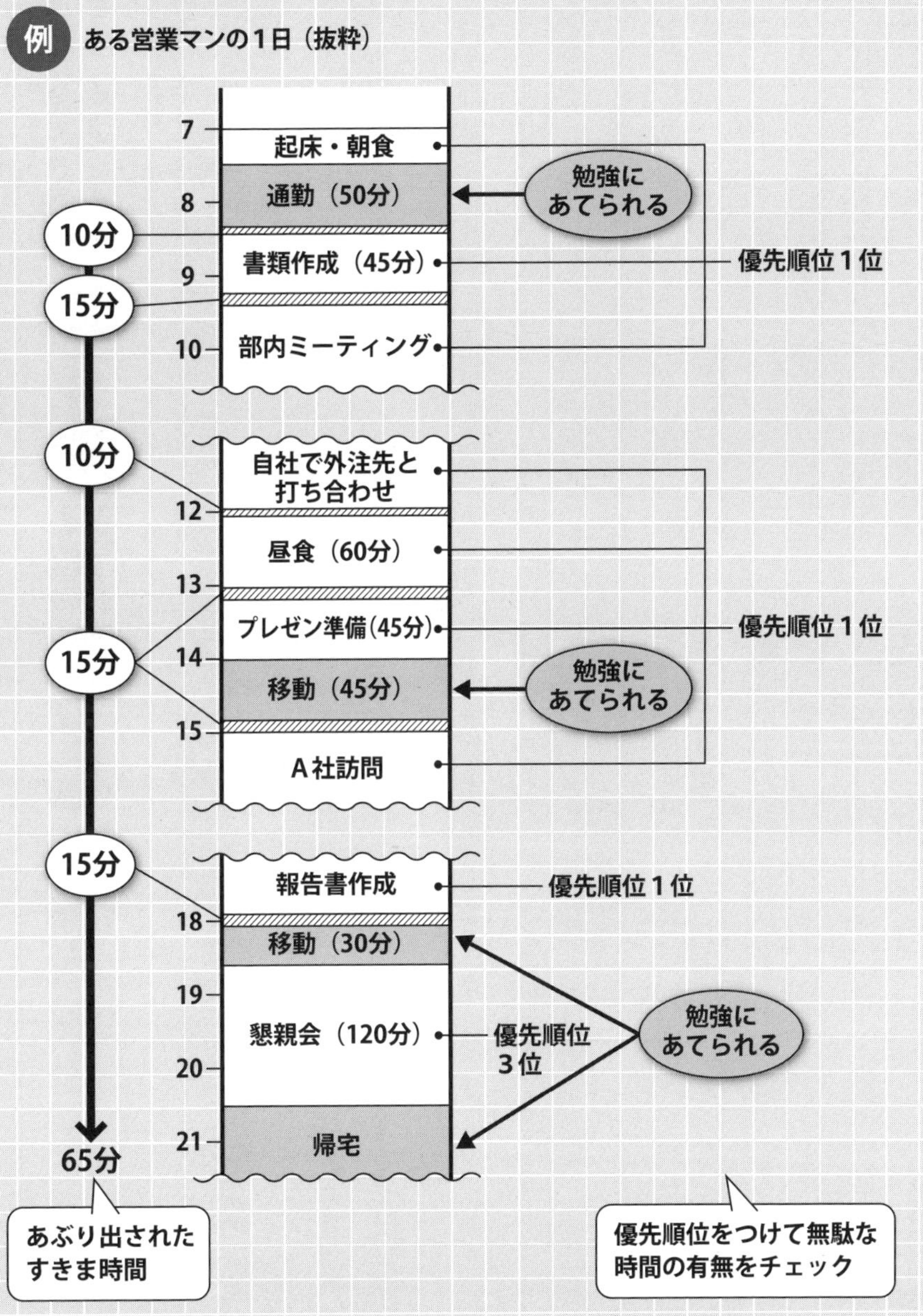

例
ある営業マンの1日（抜粋）
7
8
9
10
12
13
14
15
18
19
20
21
起床・朝食
通勤（50分）
書類作成（45分）
部内ミーティング
自社で外注先と打ち合わせ
昼食（60分）
プレゼン準備（45分）
移動（45分）
A社訪問
報告書作成
移動（30分）
懇親会（120分）
帰宅
10分
15分
10分
15分
15分
65分
勉強にあてられる
勉強にあてられる
勉強にあてられる
優先順位1位
優先順位1位
優先順位1位
優先順位3位
あぶり出されたすきま時間
優先順位をつけて無駄な時間の有無をチェック

Essence 12

すきま時間を工夫する術を持て

15分、10分を無駄にしない勉強

では、自分のすきま時間がわかったところで、具体的に何をしたらよいのか。

「時間が短すぎて、何をするか考えているうちに時間が過ぎた……」などという笑い話にならないように、どのくらいの時間があれば何ができるかを把握しておくことが肝心である。そうすることで、予定が立てやすく無駄にすることなく時間が使える。

たとえば、資格試験のために勉強している人は、15分のすきま時間なら、問題集の問題を1問覚えると決めておく。問題集は理解を深める参考書と捉え、何時間もかけて問題を解こうとするよりも、解説を読んで理解し、そのまま覚えてしまうのである。

ほかにも、15分あれば雑誌の特集記事を1本は読めるだろう。経済やビジネスなど勉強のテーマに合う週刊誌、月刊誌、また業界の専門誌などを読むのに十分な時間である。

英語の勉強をしているなら、英字誌を開いて新しい単語をひとつ覚えるのもいい。記事1本を読み切るのは難しくても、知らない単語を実際の使用例のなかで発見し、辞書を引いて抜き書きし覚えることができる。

10分しか時間がなければ、英会話のフレーズの復習は可能だ。これなら通勤電車のなかでもできることだ。

また、プレゼンテーションの勉強をしているなら、10分間はちょうどいい時間である。7分くらいを単位として簡潔に説明する能力を身につければ、幅広い場面で役立つはずだ。また出力トレーニングにもなり、記憶の定着にも効果的である。

このように、すきま時間は工夫しだいでいかようにでも使えるのである。

すきま時間に何をすべきか？

10分のすきま時間を活用する

プレゼンテーションの練習をする

プレゼンテーションは、仕事において重要な意味を持つ。商談や会議でアウトプットできなければ意味がない。ワンテーマについて7分程度を目安にまとめて説明できれば、どんな場面でも通用する

英会話の復習をする

テキストを見ながらの会話練習や覚えたフレーズの暗唱をするのもいい。とくに語学学習はまとまった時間にみっちりすることも重要だが、少しの時間でも繰り返す回数を増やすことも重要である

15分のすきま時間を活用する

雑誌の特集記事を1本読む

専門誌でなくても、週刊誌やビジネス誌でもいい。新聞とは違ったアプローチで分析されている場合があり、複眼的に時代を読み取るには役立つ。とくに総合月刊誌の論文は、著者の考えがよくまとまっている

問題集を１問覚える

もし資格試験を控えているのなら、問題集の１問を覚えてしまう。もちろん解いてもよいのだが、事前の理解の定着がなければ考えても無駄である。問題集は「解くためのもの」という先入観を捨てて、「理解するためのもの」として使えばよい

Essence 13

バイオリズムに合わせるのがポイント

朝か夜か。自分に合う時間帯を選ぶ

勉強時間をとるのは夜がいいか、それとも早起きして朝にすべきか――。これも多くの人が迷うポイントだろう。

最近は「アサカツ（朝活）」と呼ばれる朝型のライフスタイルが注目を浴びているようだが、しかし無理して朝早く起きるよりも、「自分のバイオリズムを知り、それに合わせる」ということに尽きる。

朝と夜のどちらがいいかはその人によるのだ。まずは試してみてほしい。日をかえて朝と夜の1時間、2時間ほど勉強してみる。何度か試せば、どちらのほうが能率が上がるかつかめるはずだ。自分の調子が上がる時間帯を知り、効率を上げるのも、前述したメタ認知のひとつである。

また、仕事で疲れ果てるため、早めに寝て早起きしたほうがいい人がいるいっぽう、早起きして勉強すると消耗して仕事に影響が出てしまうという人もいるだろう。朝型、夜型のバイオリズムに加え、そうした状況も見極める必要がある。

いずれにしても、睡眠時間はしっかりとる。無理をしたところで集中力は決して続かない。これでは時間を密にすることは不可能である。

夜勉強したら翌朝すぐに復習を

もしあなたが、夜に集中して勉強するタイプなら、朝起きて復習することも能率アップのコツである。

学生を被験者としたある実験では、無意味な言葉の羅列を覚え、どのくらい覚えているかを調べたところ、直後に睡眠をとったグループは、目覚めていたグループよりも大幅に記憶を保持していたという結果が得られている（左上図）。

起きがけの時間を無駄にしていないか？

実験 **眠ることによる忘却の変化**（ジェンキンスとダレンバックの実験）

内容

学生を被験者とし、無意味な言葉の羅列を覚えさせる。起き続けるグループと睡眠をとったグループで、どのくらい覚えているかを調べる

結果

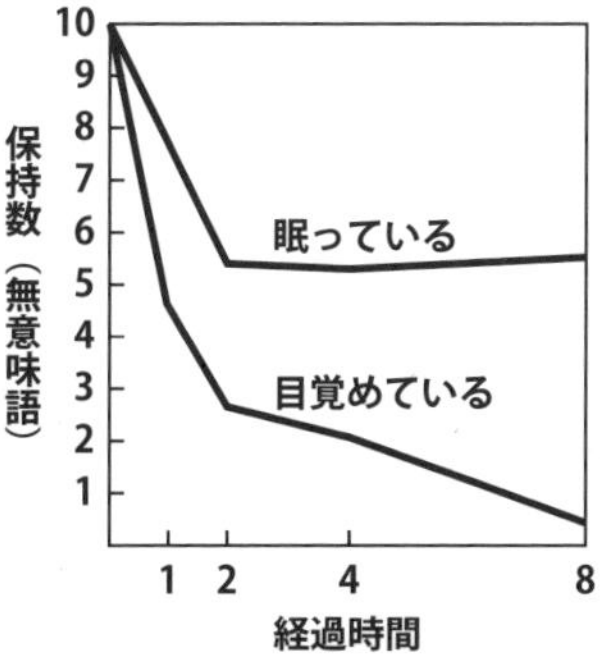

睡眠をとったグループは、起き続けたグループよりも大幅に記憶を保持していた

忘れずにすんだ記憶を保持するためにも、起きがけの朝に前日の復習をする

これについて、寝ているときは新しい情報が入らないため、就寝前に覚えたことをかき消されずにすむと解釈される。

眠ることで忘れずにすんだ記憶を保持するためにも、あるいはあやふやになりかけている理解を補完するためにも、朝、10分でも復習することである。このわずかな時間が記憶の定着に有効であることは容易に想像がつくだろう。

いっぽう、「自分は朝型なので1時間早起きして勉強する」と決めた人は、会社のそばの喫茶店やファストフード店を利用するという方法を提案しておきたい。

もちろんオフィスの自分の机で勉強してもいいが、電話などが入るようなら、社外のお店を利用するのが得策だ。

会社の近くなら時間に慌てることなく落ち着いて集中できるし、通勤ラッシュを避けられるなら、疲労も軽減できるというものである。

Essence 14

手書きを侮ってはならない
徹底してノートに記録する

時間を有効に使うという点から、記録の仕方にも触れておこう。

まず、とにかく徹底して書き留める。「いまどき手書きか」と驚く人もいるだろうが、講義を受けるなら、講師の話をすべて書くつもりで記録する。

「要点をまとめればいい」「板書したことだけで十分」と思う人が多いだろうが、それは自分がよく知っている分野での話。理解度が高い場合に限られる。

よくわかっていることなら、要点を的確にまとめられるが、勉強をはじめたばかりの分野では、そうはいかない。要点を書いたつもりが、見返してみると、何がポイントなのかわからないというのがオチであろう。

また録音しておいて、あとで聞き直しながら復習する方法もあるだろうが、これでは講義と同じだけの時間が必要になる。ノートを読み返すほうが、ずっと短時間ですむのだ。

いっぽう、入門書や解説書を読んで勉強する場合、ノートをとりながらまとめるやり方では手間がかかる。本には大きめの付箋をつける方法がおすすめだ。

確実に自分の知識にしたい部分、のちのち読み返したり、引用したりする可能性がある部分につけておく。付箋を貼った理由をそこに書いておくとわかりやすい。

さらに、賛同できる意見、納得できない部分、理解しにくい部分についてもメモし、付箋を貼っておくと多面的に物事を見る推論のトレーニングにもなる。オックスフォード大学の苅谷剛彦教授も、この批判的読書をすすめている。

ノートをとることに骨惜しみしていないか？

講師の話を記録する方法

×

→ 聞き直して復習するのに、講義と同等の時間がかかる

○

→

メリット

・読み返して復習するのに短時間ですむ
・書くことで記憶の定着が図れる

コ　ツ

・講師の話をすべて書き留めるつもりで。要点だけ、板書したことだけをメモしても、見返してみると、何がポイントなのかわからないということが多い

COLUMN

膨大なインターネット情報とのつき合い方

インターネットの出現で、情報が簡単に、しかも瞬時に手に入れられるようになったことはたいへんよいことだが、その反面、注意しなければならない点もある。

インターネット上にあふれる情報は、玉石混淆であり、本当に自分に有益な情報なのかを選ぶ必要性があるのだ。

しかし、この選び方が難しい。なぜなら「これは使える情報だ」と選択できるということは、情報の良し悪しを見分けられることであり、その分野において、それなりに詳しくなければ不可能だからだ。

そこで、ある程度機械的に振り分けるためのルールを自分で持っておくといい。

たとえば、寿命の短い内容、いまの自分には理解できない不得意な領域など、このような情報は、あっさり切り捨てるようにするといった具合だ。

自分が不得意なジャンルであれば、入門書やそのジャンルに通じている人に聞いてしまうほうが、はるかに時間の節約になるし、有益である。

Essence 15

家事代行、タクシーも時間を作る手段に

お金を払って時間を生み出す

ここまで紹介したような時間術を実践しても、なおかつ「時間が足りない」という人は、お金で時間を買うことを考えてみてほしい。お金を払えば時間の節約、有効活用をすることはできる。

たとえば、家事代行サービスや便利屋への依頼だ。そうじ、洗濯から食事のケータリングまで、いまは業者に頼もうと思えばたいていの家事は頼める時代である。

昨今、共働き家庭を中心に、この家事代行サービスは増えつつあり、ギフト商品として販売までされている。

勤めている人が家にいられる時間は限られており、この時間は貴重である。だから、人に頼める範囲は頼んで、その時間を勉強にあてるのは有効な時間の使い方である。

資金に少し余裕があるなら、移動時間を有効活用することもできる。

乗り継いでの電車移動ではなく、目的地までタクシーを使ってしまう。新幹線で出張する際は、自腹でグリーン車にかえてしまうなどだ。

いずれも、落ち着いて本やノートを広げられ、個人の空間が確保できるという点で、集中して勉強できるはずだ。

もちろん若い社会人の多くは、そんな余裕はないだろうが、お金で時間を買えるのは大人の特権であることは覚えておいて損はない。これは学生にはできない時間の使い方のひとつだからだ。

社会人ともなれば、「頭の使い方」は無論のことだが、「時間の使い方」も重要なファクターなのである。仕事のできる人は、概して時間の使い方に無駄がないものだ。

お金の使い方を知っているか？

社会人にとって時間は貴重である

↓

お金を払って時間を生むという発想を持つ ＝社会人の特権

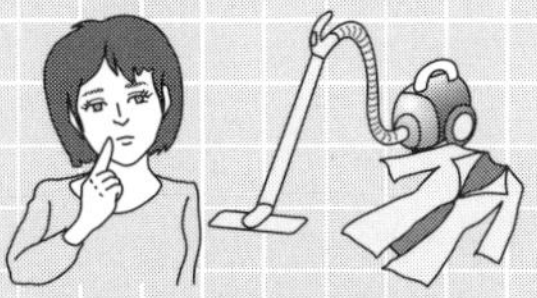

日々家事に追われる

→

家事代行に頼んで勉強時間にあてる

電車を乗り継いで移動する

→

タクシーを書斎代わりにする

COLUMN

家族を犠牲にしない勉強法

大人の勉強でハンディのひとつとなるのは家族の問題だろうか。勉強と家族との時間をどう両立させればよいのか。

配偶者の理解が得られるならよいが、家事の分担が叫ばれる昨今、そうもいかないという人も多い。

理想的な形をいえば、自分だけでなく、配偶者と一緒に勉強することである。

なにも同じ資格やテーマである必要はない。同じ時間帯に配偶者と勉強することがミソである。そうすれば、理解を得られやすいばかりか、ペースメーカーとなり、習慣化もしやすい。

なお、子どもが小さい時分は、子育てを疎かにしてまで無理して勉強する必要はない。子どもの精神的成長から考えても、子育てを優先すべきだろう。

さらに、子どもが心理的に悩んでいたり、夫婦仲が悪かったりという状況なら、まずは家族の危機と向き合うことが先決だ。

勉強はいつでもリスタートできるが、家族の問題は深刻化するとそうはいかない。

Chapter 2

世界で勝負できる武器を持て

将来を約束する「勉強科目」

竹中平蔵

もはや国内にとどまっているのではなく、世界に目を向ける時代がきた。これからは世界を舞台に人生を謳歌するための勉強をすべきと説く。現在の自分の立ち位置、そして進むべき方向が見つかる方法を教授する。

Heizo Takenaka

1951年和歌山県生まれ。経済学博士。慶應義塾大学総合政策学部教授、グローバルセキュリティ研究所所長（博士、経済学）。一橋大学卒業後、日本開発銀行、大蔵省主任研究官、ハーバード大学客員准教授などを経て現職。2001〜06年、小泉内閣において経済財政政策担当大臣、金融担当大臣、郵政民営化担当大臣、総務大臣を歴任。

Essence 1

目標と現在の位置が明確になる
マトリクス勉強法が成功への第一歩

いまや世界が急速に変化し、かつての常識が通用しない時代、また新たな分野、ビジネスが次々と生まれる時代でもある。誰もが「勉強しなければついていけない」と危機感と焦燥感を抱いている。

だが、現実には何をどこからはじめていいか躊躇し、結局手つかずのままでいる人がいかに多いことか。

そこで本章では、マトリクス（座標軸）を用いたノウハウを提案し、これからの時代の勉強について考えたい。

このマトリクスを用いた勉強法とは、自分に必要な勉強、自分がしたい勉強を座標軸に沿って配置し、進むべき方向を見定める指標にすることである。

現在の立ち位置がつかめ、目指す方向がはっきりするはずだ。

まず横軸には、「武器となる勉強」と「人と人を結ぶ勉強」をとる。

前者は、競争の激しいビジネスで打ち勝つための専門知識や資格取得などの勉強である。そして後者は、いわゆる教養や趣味といった、いわば人を豊かにする人間力を鍛える勉強だ。

いっぽうの縦軸は、「天井があるか」「天井がないか」を考える。目標となる到達点の有無と捉えてもいい。

たとえば、資格試験はその教科書や参考書をマスターすれば目標達成となり天井があるといえるが、古典文学に精通するといった勉強は終わりがない（つまり天井はない）。

これらの軸を基準に、ひとつずつ目標をクリアし、新たなステージに入ったら、また新しいマトリクスを作成してほしい。

では、この区分のそれぞれについて、次項から詳しく見ていこう。

あなたが学ぶべき勉強は何か？

自分がしたい勉強、自分に必要な勉強を座標軸に沿って配置する

勉強マトリクス

	天井がある勉強	天井がない勉強
武器となる勉強	**記憶勉強** 例 入学試験、資格試験（TOEICや簿記など）、昇進試験	**仕事勉強** 例 経済学、金融工学、国際情勢、英会話
人と人を結ぶ勉強	**趣味勉強** 例 趣味の検定（茶道や武道など）、ライセンス（ダイビングなど）	**人生勉強** 例 古典や音楽、アートなどの教養を高める勉強

現在の立ち位置が明確になり、目指す方向が定まる

COLUMN

若者よ、受験を超えろ！

世界で活躍する人材を教育する場を作ることこそ、これからの日本に必要だという思いが、２０１２年、早稲田塾で開講する「竹中平蔵世界塾」につながっている。高校生を中心とした講座だが、ここでは世界で活躍し、世界で生きていけるグローバル教育をコンセプトにしている。

もはや有名大学を卒業しただけでは、世界に通用しない。受験はひとつのステップであり、それを超え、世界を舞台に生きていくことこそ、これから求められる若者像なのだ。

そのためにも英語は大きなスキルである。英語は、イギリスの言葉でもアメリカの言葉でもない。世界の言葉である。

また、世界で何が起こっているのか、世界に目を向けることも忘れてはならない。だから、英語はもちろん、日本の文化から世界の文化まで勉強し、人間の総合力を高めるカリキュラムを用意している。

これは、マトリクス勉強法でいう天井のある勉強を超え、天井のない勉強にチャレンジすることにほかならないのだ。

Essence 2

学校の勉強ばかりが勉強ではない

武器となる勉強で人生を切り開く

「やらないといけないのはわかっているが、勉強はどうも苦手」という人は、まずは勉強自体の認識を改めるべきだろう。

苦手意識が強く、前に踏み出せない理由のひとつは、これまでの学校の勉強や受験の悪いイメージが尾を引いているのかもしれない。

しかし社会人が取り組む勉強は、なにも学校の勉強と同じ類いばかりではない。ひと口に勉強といっても多様であることを、まず知ってほしい。

学校の勉強に近いのは、いうなれば「記憶勉強」。マトリクスの4区分のひとつにすぎない。ここに当てはまるのは、入学試験のほか、キャリアアップにつなげる資格取得の勉強、社内の昇進試験などに向けた勉強だ。

この「記憶勉強」は、マトリクスに従えば、横軸は「武器となる勉強」であり、縦軸は、合格という到達点があるから「天井がある」勉強ということになる。

自分を高め、人生を豊かに

では次に、「武器となる勉強」で「天井がない」勉強とは何か。

それは学ぶ材料が無尽蔵にある「仕事勉強」である。たとえば、仕事に役立てるため、金融や経済、国際情勢を学ぶといった勉強がこれにあたる。検定試験を目指すものではなく、時勢とともに内容が変化していくものだから、ゴールがない（つまり天井がない）。

武器としての「知」がますます求められる昨今、この区分にあたる勉強の重要性は増しているといえるだろう。

武器となる勉強を疎かにしていないか？

競い合うための武器となる勉強

	天井が（ある）勉強	天井が（ない）勉強
武器となる勉強	記憶勉強	仕事勉強
人と人を結ぶ勉強	趣味勉強	人生勉強

記憶勉強：キャリアアップにつなげる資格取得のための勉強や留学のための勉強（入試）、昇進試験の勉強などが該当する。「合格」というゴールがある。いわば学校の勉強に近い

仕事勉強：検定試験を目指すのではなく、仕事に役立つ自分の専門分野を勉強する。時勢とともに内容が変化するためゴールがない。この区分の重要性は、ますます高まっている

社会では記憶勉強だけでは太刀打ちできない

また、「仕事勉強」は実地に直結しやすいので、手ごたえが得られやすい。努力を続ければ、目に見える成果が期待できる。

「勉強は無味乾燥でおもしろくない。それにいまさらもう遅い」というのは、やらない言い訳。

はじめてみれば、案外、興味を持って勉強をしている自分に気づくだろう。日々向き合う仕事に関連する事柄なので、自然と興味も湧いてくるというものだ。

世の中を見渡してみれば、「記憶勉強」で得た知識があまりなくとも、「仕事勉強」の知恵を生かし、社会的に成功している事例は数限りなくある。

いやむしろ、記憶勉強の得意な秀才といわれた人が、社会に出た途端、つまずき伸び悩むケースのほうが多いのではないか……。

社会の荒波を乗り切るのに必要なのは、人間としての総合力であることをぜひ知ってほしい。

そのためにもとにかく最初の一歩を踏み出すことだ。決して遅すぎることはない。

Essence 3

人間力を鍛える勉強も充実させる

自分のマトリクスを作成してみよう

もう片方のマトリクスについて見ていこう。こちらは、人と人を結ぶ知の勉強である。社会で必要となる教養と考えれば、わかりやすいだろうか。

競い合うための武器というよりは、人と親しくなり、交友を深めるきっかけとなる要素だ。

この「人と人を結ぶ知」を身につける勉強にも天井の有無がある。

「天井がある」のは、言い換えれば〝趣味勉強〟だろうか。具体例を挙げるなら、茶道、武道、ダイビングといった、趣味で受ける資格や検定などに向けての勉強だ。

いっぽう、「天井がない」勉強は、いうなれば〝人生勉強〟。生きていく力を高めるものであり、アートやクラシック音楽に親しんだり、外国文化に触れたりするなど、その範囲は限りなく広がる。目標とする目印もなく、究めようとすれば、それこそ生涯かけて学び続けることになるだろう。

自分に必要な能力を考え計画を立てる

ここで4区分の意味がわかったところで、いよいよ自分自身のマトリクスの作成にとりかかる。方法はいたってシンプルである。現在、勉強したいと思っている分野を配置していけばいい。

具体的に思い浮かばなければ、将来、どんなふうになりたいのか、何をやりたいのかを考え、そのために必要な事柄を書き出してみてほしい。

そこからいまの自分に不足している能力と、それを身につけるために勉強すべきテーマが見えてくるはずだ。

たとえば商社やメーカーに勤務している人で、財務知識に自信がないと感じるなら記憶勉強にあたる

もうひとつの勉強を忘れていないか？

人間力を鍛える勉強

	天井がある勉強	天井がない勉強
武器となる勉強	記憶勉強	仕事勉強
人と人を結ぶ勉強	趣味勉強	人生勉強

趣味勉強：趣味で受ける検定やライセンスなど、素養を裏づける勉強。「合格」という目指すべきゴールがある場合が多い

人生勉強：人生の幅を広げる教養分野。生涯を通じて学ぶ勉強でありゴールがない

人と交友を深め、人間を豊かにする勉強も必要

簿記や会計の勉強からはじめてみる。将来、海外事業を目指すなら、ビジネス英語を習得するのもいいだろう。

あるいは財界人ときちんと話ができるようになりたいと思うなら、文学や哲学、芸術といった教養を身につけることだ。

このように整理してみると、やるべきことはいくらでもあることに気づくだろう。

自分なりのテーマを書き出したら、4つのマスに割り振りしてほしい。そして、それぞれに優先順位をつけ、何から勉強していくか、中・長期計画を立てていく。

こうすることで、自分自身の現在の位置が確認でき、今後の目標とその達成のためのプランを明確にすることができる。

どこからはじめ、どう進めていくかは、あなたの将来像しだいである。

目の前にある仕事のみで満足していては、いずれ不要な人材になりかねない。

Essence 4

マトリクスを使ってバランス感覚をチェック

夢と現実、両方を同時に見据えよう

社会に出たころは、誰もが向上心を持ち、胸に大きな夢を抱いていたはずだ。しかし、仕事を覚えていくうちに、自分の力不足の現実も見えてくる。

そこで意欲的に勉強してはいるものの、じつのところ、夢と現実を冷静に見つめ、バランスよく取り組んでいる人は、意外に少ない。

夢ばかりを追い、目の前の現実をきちんと見ない人がいるいっぽうで、目先のことに注意を奪われ、将来の夢を描けない人もいる。

どちらかに力を入れれば、もういっぽうが疎かになってしまう。夢と現実が二律背反のように存在していることを考えれば、アンバランスな状況に陥るのも当然かもしれない。

だからこそ、このマトリクスを使って両方を見つめる目をつねに持つことが重要なのだ。近い目標と将来の目標、2つを同時に追い求める意識を持ってほしい。

国際的なビジネスの舞台で活躍する夢を描いて英語の勉強をはじめたのに、いつしかTOEICで目指す点数を取ること自体が目的化している人はいないだろうか。

また、新たな職場で求められるスキルを身につけることに追われ、気がつくと、本来やりたかったプロジェクトを見失ってしまった人もいるだろう。

こうなっては、そこで満足してしまい、夢の実現へつなげる努力は失われる。

そうならないためにも、自分の課題をつねに考えられるように、折につけ、このマトリクスを眺め、努力を続けることだ。

目先のことにとらわれすぎず、あきらめず、勉強を続けることこそ、人生を豊かにしてくれるのである。

自分だけの勉強マトリクスを完成させよう

夢と現実を同時に見据える手段 ⇒ マトリクス

例　竹中平蔵氏の場合の勉強マトリクス

	天井がある勉強	天井がない勉強
武器となる勉強	**記憶勉強** 中国語検定に挑戦する	**仕事勉強** 文化経済学の領域を深める
人と人を結ぶ勉強	**趣味勉強** 江戸の歴史を学ぶ（江戸検定）	**人生勉強** いつか自分の小説を上梓する

COLUMN

私の新たなテーマ　アートを育てるということ

ここで、私の仕事勉強である文化経済学について簡単に紹介しておきたい。

これは、経済と文化の一体交流を図り、両者をいかに発展させていくかを考える分野である。

文化、とくにアートという世界は、潜在的ポテンシャルが高く、おもしろい領域である。

国際政治学者のジョセフ・ナイ氏が「アートはパワーである」と述べているように、目に見えない力がアートにはある。

２０１１年、日本を襲った東日本大震災を振り返ってみれば、アーティストの活躍ぶりは誰もが認めるところである。アーティストが支援を呼びかければ、人もお金も集まるのだ。

しかしいっぽうでアートは特殊である。ゴッホの絵画が、彼の死後に価値を持ったように、すぐには市場価値を発揮しづらい領域である。

そのようなアートを育てていくには、どうすればよいのか。一人一人がアートに目を向けるには何が必要なのか。

これが、私の最近のテーマである。

Essence 5

学ぶきっかけは身近なところにある

経済とは世の中を知ること

マトリクスによって、自分のすべき勉強がはっきりした人は、ぜひそれに向かってはじめてほしい。

しかしなかには「正直、何から勉強していいのかわからない」という人もいるだろう。また、「人生を切り開く武器」として何が求められるか、この点を気にする人も多いはずだ。

刻々と変わる時代に対応し、ビジネスで成功をおさめるために必要なものは何か――。そこで、ここからは2つの分野に絞って紹介したい。

もちろん、職種や立場によって学ぶべき分野は当然違ってくるだろうが、これから紹介する分野は、間違いなく武器になると思われる。

それは、経済分野と語学分野（英語）である。英語については後述するとして、まずは経済分野から見ていこう。

なぜ経済の勉強なのか？

経済を学ぶことは、言い換えれば世の中を知ることである。どのような仕事であっても仕事をしている以上、経済と無縁ではいられない。それどころか日々の仕事と密につながっていることを、勉強するにつれ、より強く実感できるようになる。

〝経済学〟という学問として捉えると、いかにも難しそうだが、ふだんの生活にも密着している分野である。

日々口にする野菜や肉、魚などの食料品の値決めや、マイカー移動に必要なガソリンの値段の変動も、学問でいえば経済学の範ちゅうである。

身近なところに目を向けることが経済を知る一歩になる。

たとえば、昼食でファストフードをよく利用する

「経済」はすぐ隣にある

経済は学問だけの分野ではない。ふだんの生活からも経済を知ることができる

例1

ビッグマック指数

マクドナルドのビッグマックの価格で、各国の通貨購買力を比較。世界各国の物価水準を測る物差しとして、1986年からイギリスの経済誌「エコノミスト」が毎年発表している。ハンバーガーの価格から各国の為替レートが見えてくる

例2

iPad指数

オーストラリア証券会社コムセックが発表しているタブレット端末iPad（アイパッド）を用いた指標。現在、日本を含む10か国を対象に、iPadの価格を米ドル換算で算出している。ビッグマック指数に代わるＩＴ時代ならではの新しい指標

ビジネスマンも多いはずだ。昨今、ファストフード店の価格競争が新聞を賑わしているが、原価と利益の関係はどうなっているのかなど、ニュースから掘り下げてみてほしい。

また、投資に関心があるなら、株価や為替レートの変動から、その背景に何があるのかを考えてみる。世界の経済情勢にまで自然と興味が広がっていくはずだ。

たしかに経済分野は天井が高い（あるいはない）のも事実。

勉強したからといって、将来を１００パーセント先読みできるようになるわけでもない。そんな簡単に予測できるなら、近年の金融危機やＥＵの債務危機による世界的規模の混乱も起きなかったはずだ。

経済では統計学的に発生しない事態が起こるし、まったく同じ状況は二度とない。予測不能である点で、つまり天井がないという点で、高名な経済学者も普通のビジネスマンも同じフィールドにいるということだ。

Essence 6

情報に振り回されない防衛策

経済を理解するには簿記が重要

では、どこから経済を学びはじめればよいのか？

英語にあるＴＯＥＩＣや英検のような資格があれば、目標にしやすいものだ。

経済分野の資格となると、なにやら難しいカタカナの資格名が出てきそうに思うかもしれないが、まずすすめたいのは簿記３級の取得である。

こういうと、「いまさら簿記なんて……」という声が聞こえてきそうだが、基本の重要性を認識すべきである。

とくに若いビジネスマンは、地味な基礎固めを避け、ラクしてすぐに効果が期待できる方法を知りたがる。

しかし、現実はそんなに甘くない。基本を学んでこそ、しっかりとした土台ができる。

簿記の基本は、貸方《かしかた》、借方《かりかた》を区別して書き込む勘定の「仕訳《しわけ》」であり、いわば商業的行為を貸方、借方の両方から眺められるようにすることだ。

簿記３級を知らずして、マクロ経済を語ることはもとより、自分がかかわっている仕事の仕組み全体をつかむこともできないだろう。

簿記３級といえば、商業高校卒業程度の財務知識だが、この知識を完璧に理解できれば、日本経済の全容もわかるといっても過言ではない。ニュースでよく耳にするＧＤＰ（国内総生産）も、突き詰めれば、日本中の簿記の結果から出てきた数字である。

新しい法律が施行され、政策が変わったり、さらには会計基準やシステムなどが新しくなったりしても、その基礎をなす概念は変わらない。基本が身についていれば、信憑性の低い情報に振り回されることもなくなるというものである。

簿記の基本を知っているか？

簿記とは、お金やモノの出入りを2つの側面から記録した、いわば会社の小遣い帳

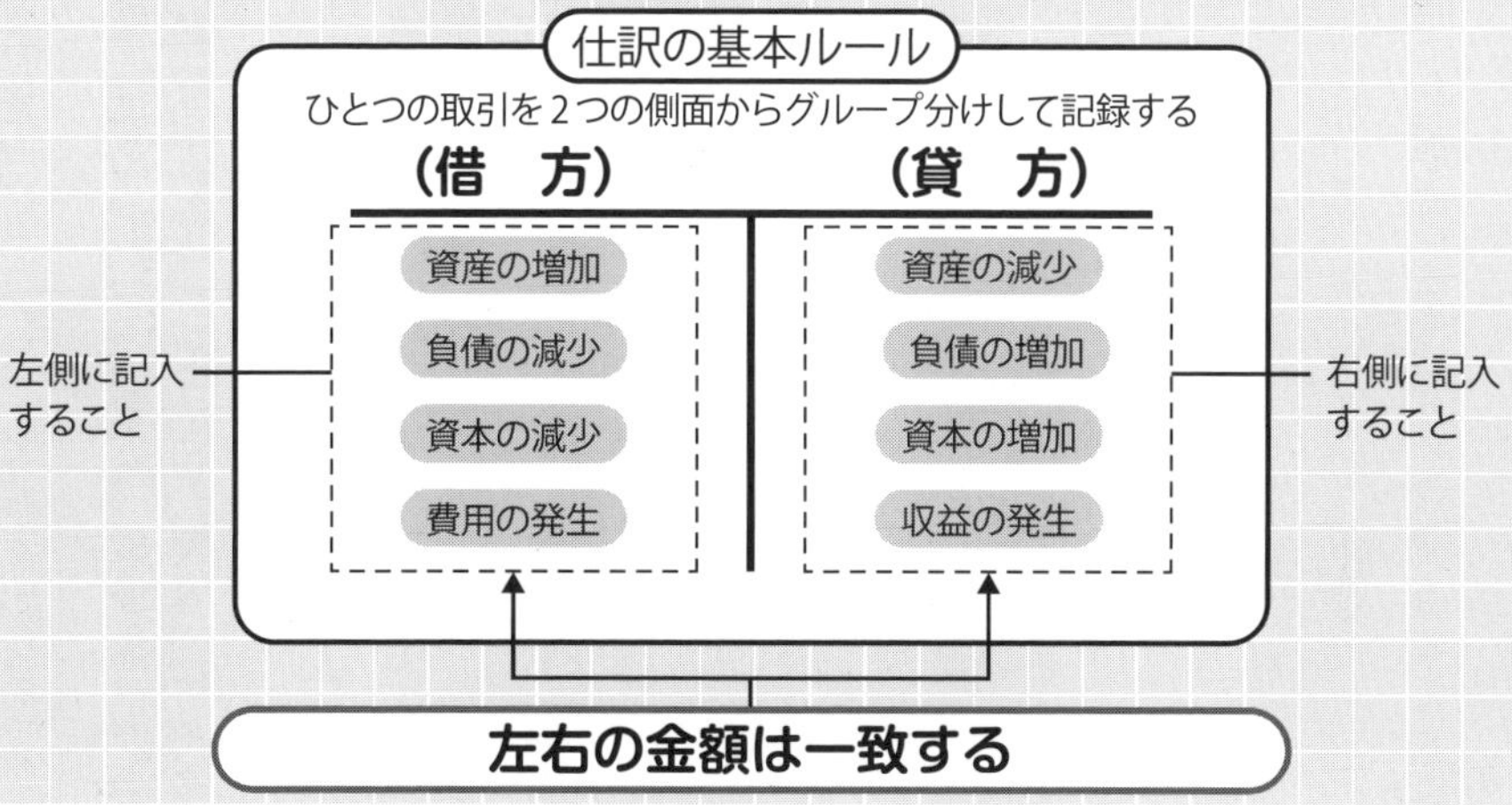
仕訳の基本ルール
ひとつの取引を2つの側面からグループ分けして記録する
（借　方）
（貸　方）
資産の増加
負債の減少
資本の減少
費用の発生
資産の減少
負債の増加
資本の増加
収益の発生
左側に記入すること
右側に記入すること
左右の金額は一致する

COLUMN

「まずは簿記3級から」の本当の意味

簿記3級さえ取れば、その上にある2級、1級は不要なのか……。そのように考える人のために誤解を解いておこう。

結論からいえば、2級、1級へと勉強することにもそれなりの意義がある。あくまで3級は最初の一歩であり、簿記の世界（考え方）を知っておくことに意味があることを強調しておきたい。

たとえば、簿記3級の実力を10、1級の実力を20とすれば、3級と1級の差は2倍だが、3級の知識がない人、つまりゼロの人との差は無限大である。

この差の大きさを認識してほしい。簿記の考え方を知っていることと知らないことには、雲泥の差が生まれるということである。

私自身、大学で経済学を学んでいたが、簿記3級を取得したのは、日本開発銀行に入行後。6か月での合格を目指し、勤務先から近い簿記学校に通って夕方6時から9時まで勉強した。それからまた職場に戻って、仕事を片付けたものである。

Essence 7

資格勉強を上手に取り込む

財務知識の基本は税理士資格で学ぶ

すでに簿記3級の財務知識を持っている人は、次のハードルを見据えて、税理士資格の勉強をするのもいいだろう。

とくに現在、会計の仕事についている人、将来、会社をマネジメントしたいと考えている人は、スキルアップに役立つこと請け合いである。

「税理士になるつもりはない」と、勉強の候補から削るのは惜しい話である。

税理士の試験は、会計学と税法に分かれているが、それぞれを勉強することで、財務知識の基本が学べるように周到にプログラムされている。

資格取得が本意でなくとも、税理士試験用の教材を使って学ぶことで、財務知識を効率的に身につけることができるメリットがある。

ただ、こうしてせっかく財務の勉強をするなら、資格取得も併せて目指すに越したことはないではないか。

教材を使った勉強だけでなく、いっそのこと、専門学校に通うのもいいだろう。独自のノウハウを持っている環境に身を置くことで、独学するより、格段に効率がいいはずだ。

現状維持の仕事をするだけでは取り残される時代。スキルを高め、成長していくことがつねに求められている。

税理士の資格が取得できれば、転職、独立の道が広がるのは無論だが、自分の実力を客観的に証明してくれる武器になる。

このことは、ライバルたちとの競争においても、自分は財務では負けないという心の拠り所が得られるはずである。

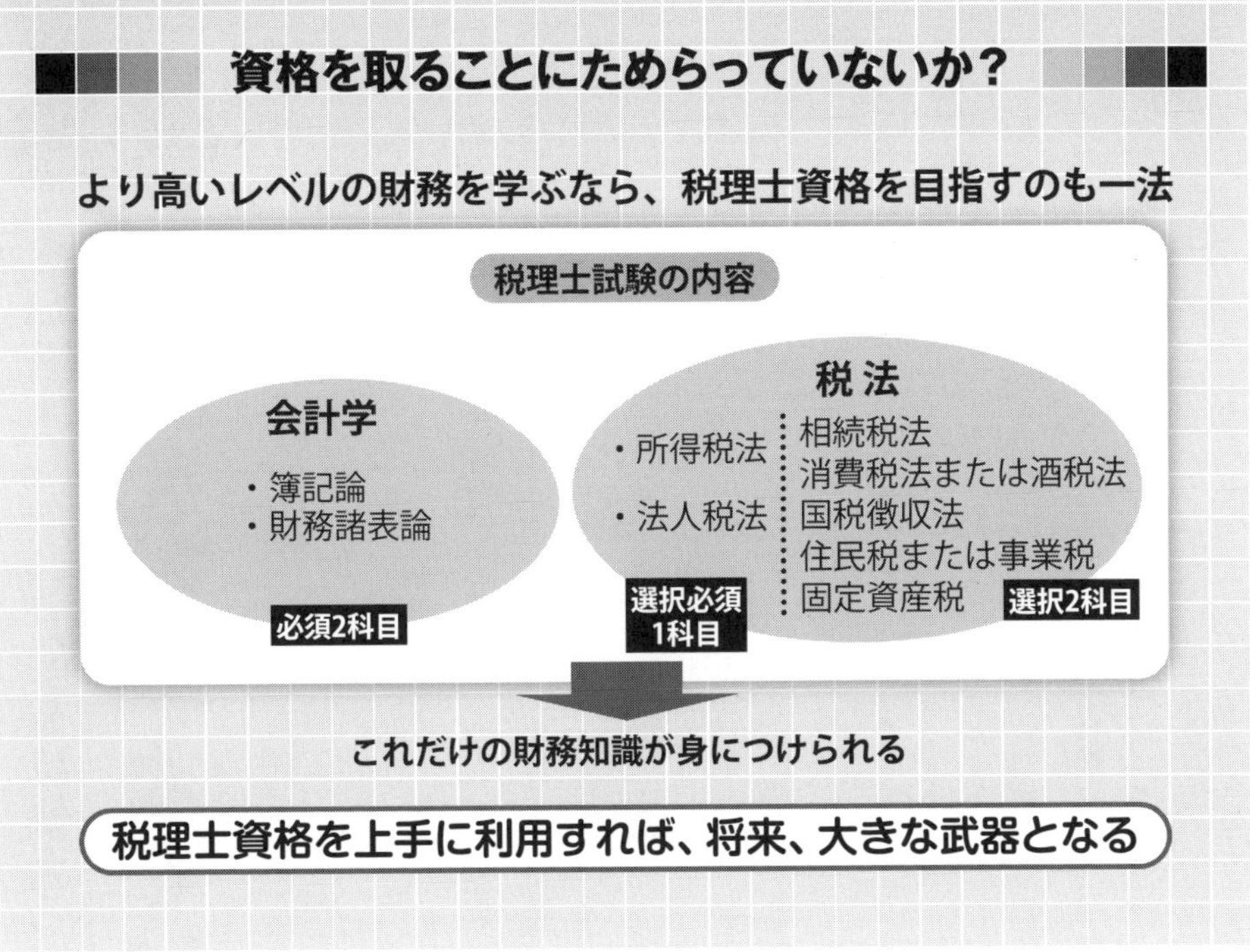
資格を取ることにためらっていないか？
より高いレベルの財務を学ぶなら、税理士資格を目指すのも一法
税理士試験の内容
会計学
・簿記論
・財務諸表論
必須2科目
税法
・所得税法
・法人税法
選択必須1科目
相続税法
消費税法または酒税法
国税徴収法
住民税または事業税
固定資産税
選択2科目
これだけの財務知識が身につけられる
税理士資格を上手に利用すれば、将来、大きな武器となる

目的化しない注意が必要

簿記3級にしろ、税理士資格にしろ、次項で述べる語学の検定試験にしろ、ひとつ注意すべきことがある。それは、資格を目的化しないことだ。

資格試験ともなれば、自ずと点数化されるものだが、そこで「80点では満足できない、90点はほしい、いや次は95点まで伸ばしたい」などと、点数のみに固執してしまう人がいる。

しかしよく考えてみてほしい。これでは、学生時代の受験勉強となんら変わらないことになる。たしかに入学試験では1点の差に何十人、何百人がひしめき合っているので、点数を競わざるをえない。

しかし、ビジネスマンとして目指すべきは、あくまで使えるスキルのはずである。使えなければ、点数がいくら高かろうが無意味。資格をただの点取りゲームにしないことだ。

こんなことをするくらいなら、別の勉強をはじめたほうが、よっぽど有意義である（資格試験についてはChapter 5を参照）。

Essence 8

TOEIC、TOEFLは使える資格

英語を効率よく学び、実力の証を得る

ここからは、2つ目の分野、語学（とくに英語）の勉強について考えよう。

とくに海外で働きたい人、外資系企業に転職したい人などは、当然のテーマとして英語を身につけたいと考えているはずだ。またほかには、「グローバル化の時代だから」「会社から求められているから」と、とりあえず英語の勉強をはじめる人も多いだろう。

仕事上、いま使う必要がなくとも、英語力を高めることは、将来的にチャンスにつながると誰もが考えているはずだ。

そこで提案したいのは、TOEICやTOEFLの受験。

前述の税理士試験と同じく、これらは綿密にプログラムされており、完成度の高い資格である。つまりそれだけ効率よく学習ができる。ほかに英検も歴史が長く日本ではポピュラーだが、世界が認める英語力の裏づけとしてはやや弱い点は否めない。

留学を目指しているなら、なおさらこれらの受験は必要である。MBA（経営学修士）取得を目指す大学院ビジネススクールなどでは、このスコアが英語の能力の証明として使われる。

また、外資系企業の人材募集でも、同じようにスコアの提示が求められるケースが多い。

なによりTOEIC、TOEFLの受験を目指すようにすれば、ただ漫然と勉強するより目標が明確になり、学習のペースメーカーにしやすいというメリットがある。

「とりあえず」というタイプの人は、英会話学校を選びがちだが、それだけでは「武器」としての実力はつきにくい。海外旅行で不便しない程度でいいというなら別だが、仕事で使うなら、受験を見据えた勉強をすすめる。

なぜ日本人に英語が求められているのか？

50ページで、学ぶべき分野について経済分野（とくに簿記）と語学分野（とくに英語）を挙げたが、そこには共通点がある

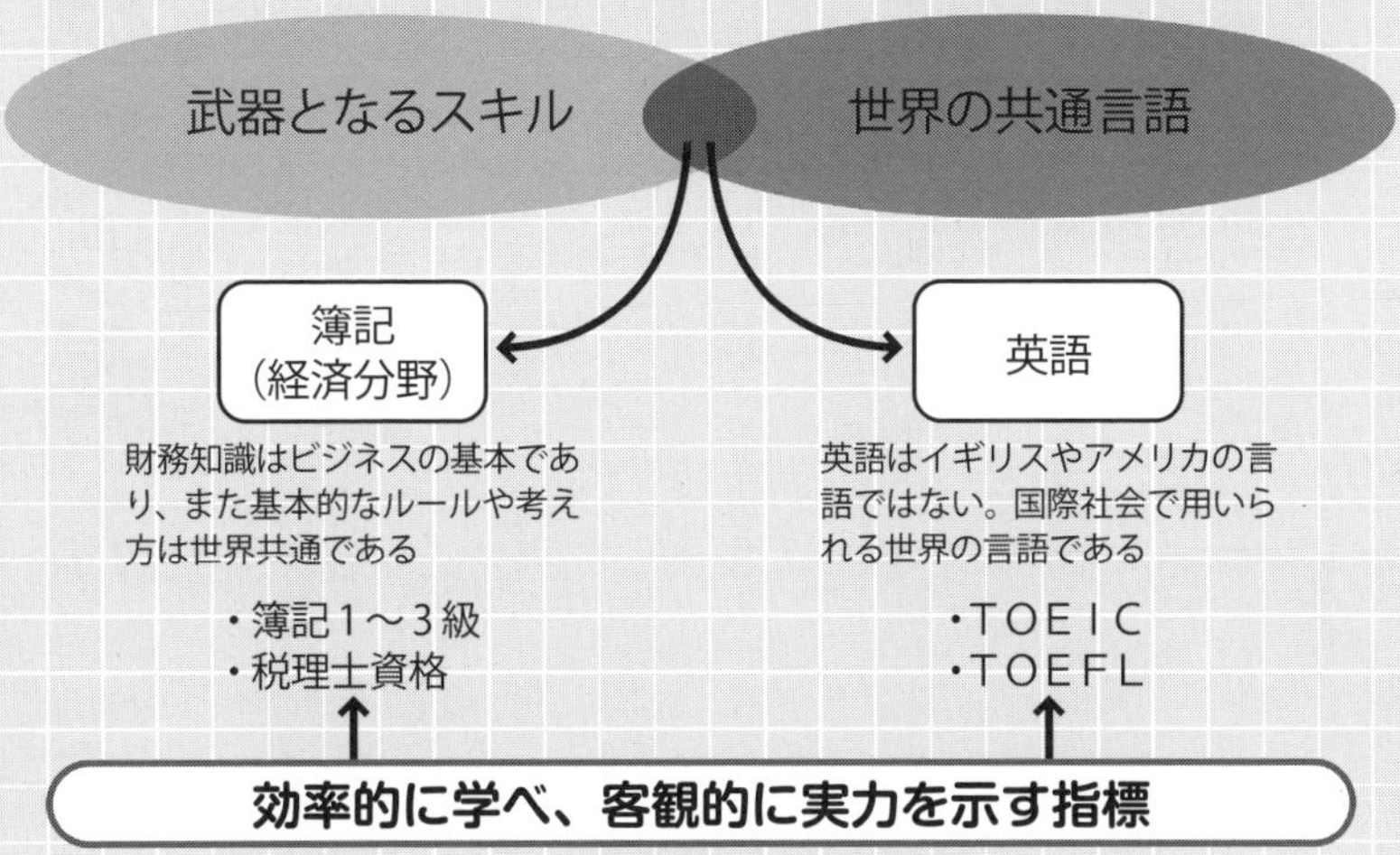
武器となるスキル
世界の共通言語
簿記
（経済分野）
財務知識はビジネスの基本であり、また基本的なルールや考え方は世界共通である
・簿記1～3級
・税理士資格
英語
英語はイギリスやアメリカの言語ではない。国際社会で用いられる世界の言語である
・TOEIC
・TOEFL
効率的に学べ、客観的に実力を示す指標

自分には英語は必要ないと思っていないか？

国際競争力を高めるため、日本企業は社員に英語力を求めはじめている → **進む社内の英語化**

例

日産自動車	経営会議は英語。社内資料は英語を併記
楽天	社内の公用語をすべて英語に。全体会議、資料、掲示板も英語
三菱商事	入社後２年でTOEIC730点以上を取得する育成強化
パナソニック	管理職への昇格基準にTOEICの得点を導入
伊藤忠商事	入社後４年以内に海外において語学研修を導入
日立製作所	幹部候補社員にはTOEIC800点以上を求める

新卒や転職でも英語力を考慮

新卒採用の応募条件に、TOEICの得点を課す企業も出現。企業が評価する得点の目安とは？

↓

730点以上

Essence 9

コミュニケーションのツールとしての英語

英文を読みに読んで単語力をつける

英語を勉強する目標に、よく「ネイティブになること」を掲げる人がいるが、これはあまりおすすめしない。母国語を操ることと外国語を操ることには決定的な違いがあり、そこに目標をおくのは非現実的だからである。

それよりも、あくまで人間関係を築くコミュニケーションのツールとして使えるレベルを目指すほうがいい。

そして、ネイティブのような発音で流れるように話すことより、中身のある会話ができるようにすること。懸命に発音練習して格好のよいしゃべり方を身につけても、内容が伴わなければ、結局、真のコミュニケーションを図れないし、これでは仕事もスムーズに進まないだろう。

そこで重要になるのが語彙力、つまりボキャブラリーである。

大学受験で大量の英単語を暗記したという人も、日々の生活のなかでよく使われる言葉などは案外知らないものだ。

試しに、「今朝は7時に起きてシャワーを浴び……」などと、その日の出来事を声に出して英語で表現してみるといい。

朝食に食べた「目玉焼き」でつまずいてしまう人もいるのではないだろうか。

日本で生まれ育った我々の英語レベルは、それくらいのもの。自分でも驚くほど英単語を知らないことを自覚すべきである。

英字新聞で単語を覚える

単語力をつけるには、とにかく英文を読むことだ。よく「日本人は話すのは苦手だが、読み書きは

日本人は英会話だけが苦手？

日本人は会話が苦手なだけで、「読み」「書き」はできると思われているが、TOEFLの国別ランキングで下位。このテストでは、スピーキング、リスニングのほか、リーディング、ライティングもある

TOEFL国別ランキング（2010）

全体順位（163か国）

順位	国名	得点
1	オランダ	100
2	デンマーク	99
3	シンガポール オーストリア	98
	⋮	
135	**日本 カメルーン クウェート トーゴ**	**70**
	⋮	
163	モーリタニア	58

アジア順位（30か国）

順位	国名	得点
1	シンガポール	98
2	インド	92
3	マレーシア パキスタン フィリピン	88
	⋮	
9	韓国	81
	⋮	
16	中国	77
	⋮	
27	**日本**	**70**
	⋮	
30	カンボジア	63

120点が満点

ETS-Test and Score Data Summary for TOEFL (2010)

日本は163か国中135位、アジアのなかでは30か国中27位と下位グループに位置する

できる」といわれるが、これも幻想である。

実際には、読んだ英文の絶対量があまりに少なく、読む力はないに等しい。

韓国では、高校卒業までに日本の１・５倍のボキャブラリーを身につけなければならず、これが日韓の英語力の格差につながっている。

英語に限った話ではないが、語学をモノにするには、やはり読んで、書いて、語彙力をつけるしかない。

教材は英字新聞でも、ペーパーバックでも自分の興味のあるジャンルでいい。とにかく英語の文章を大量に読むことである。

英字新聞なら、興味をひかれる記事をひとつ選んで、知らない単語を覚えていく。

意味のわからない単語に出くわしたら、辞書を引き、専用の単語ノートを作って書き込む。そのノートで復習し、暗記するのだ。

ほかの記事については、いちいち辞書を引かず、文脈から大意をつかむくらいにしておく。こうすれば、負担が軽くなり気長に継続できるはずだ。

Essence 10

話す材料を頭に詰め込む

英語のスピーチを暗唱する

コミュニケーションをスムーズに図るためには、やはり話す力も必要である。

話す力をつける初期トレーニングとしては、英文を暗唱するにつきるだろう。

早い話、英語を話せないと嘆く人のほとんどは、頭のなかに英語という言葉が入っていないだけの話である。

たとえば、前述の「目玉焼き」という単語が頭に入っていなければ、いくら考えたところで、出てくるはずがないではないか。

だから、話すにはまず、英語を頭に詰め込むことからはじめることだ。

そこで英文を覚えるのなら、題材には注意してほしい。会話に活用することを考えれば、あまりに難解な表現ではなく、また逆にくだけすぎない話し言葉がいい。

格調高い詩や表現に偏りがある映画や洋楽よりは、名スピーチから選んでみるのも一法だ。

なかでも、アメリカ大統領のスピーチは完成度が高く、暗唱にぴったりである。老若男女、教育レベルの開きも大きい国民に呼びかけ、状況を説明し、理解を求め、説得する――。

そうした目的ゆえに難解すぎる単語や言い回しはほとんどない。わかりやすい表現で説得力を高めるエッセンスが凝縮されているので、暗唱にはうってつけである。

つかえずに読めるまで声に出して読むことをすすめたい。

また、スピーチではハードルが高いという人は、中学の教科書に出てくる短い英文からはじめてもいいだろう。単語はもとより、学校で習った文法の復習にもなる。

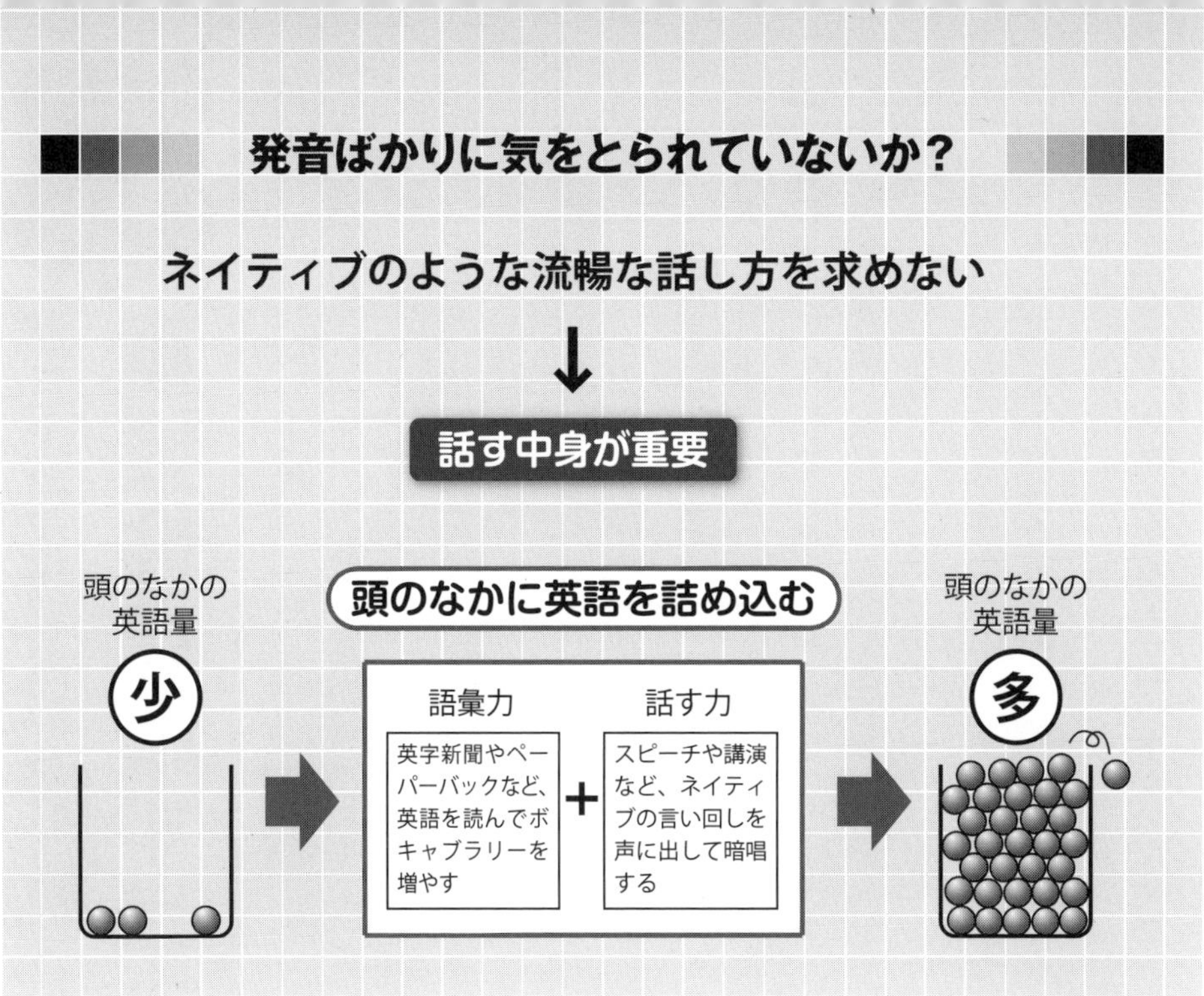
発音ばかりに気をとられていないか？
ネイティブのような流暢な話し方を求めない
話す中身が重要
頭のなかの英語量
少
頭のなかに英語を詰め込む
語彙力
英字新聞やペーパーバックなど、英語を読んでボキャブラリーを増やす
＋
話す力
スピーチや講演など、ネイティブの言い回しを声に出して暗唱する
頭のなかの英語量
多

COLUMN

ハーバード大学留学の英語勉強

初めて国外に出たのは、ハーバード大学に留学した29歳のとき。昨今の留学事情を考えれば、海外デビューは意外と遅かったといえるだろう。

以降、ハーバード大学の准教授を務めたり、学会や国際会議に出席したりと、多くの国々を行き来できるようにまでなった。

英語学習において、大学のころに通った英語学校の先生が言った話をいまでも覚えている。コーラの空き缶を持ってきて「この缶は、逆さにしても何も出てこない。なぜなら中身が空っぽだから。皆さんが英語が話せないのもこれと同じ」。

そこで先生にスピーチの暗唱をすすめられ、ケネディ大統領の就任演説を覚えたものだ。スピーチは30分近い長さがあり、相当量の単語が出てくるが、それでも繰り返しブツブツとつぶやきながら暗唱した。

あるときから、頭のなかに英語が詰まる実感が得られ、頭のなかに入れた言葉が、自然と口から出てくるようになったのである。

Essence 11

グローバル化で求められる個人の資質

重要性を増す学歴と資格

ここまでは、重要なスキルとなりうる経済と語学の2分野について、具体的な勉強法を紹介してきた。ここからは、もう少しマクロに勉強を捉え、実社会で何を意識しなければいけないのかを考えてみたい。

これからの社会において、日々目の前の仕事を処理するだけでは、もはや明るい将来は望めない。

企業が経験のない人材を雇用して「オン・ザ・ジョブ・トレーニング（ＯＪＴ）」で教育し、その投資に見合うように終身雇用、年功序列のシステムをとっていた時代は終わったのである。

「いい大学に入って、いい会社に入れば安泰」は過去の話。勤め先の企業に教育してもらうのではなく、働き手それぞれが自らを鍛え、価値を高めていく必要がある。

それは近年、業界を問わず、合従連衡《がっしょうれんこう》、再編が進んでいることを見ても明らかだろう。定年まで安心どころか、突如として勤め先が買収され、縁もゆかりもない海外企業が親会社になったり、異業種の部門と合体して組織も仕事のやり方もまるで変わってしまったりしかねない。

国内市場は期待できず、新興国などの巨大市場を求めて、企業のグローバル化戦略はより加速していくと考えられる。

真の学歴社会の到来か

そうしたなかで、重みを増しはじめたのが、学歴や資格である。

性別や年齢のみならず、国籍も民族も文化もさまざまな人々が集まるグローバル企業では、能力をはかるわかりやすい指標が求められる。共通言語とし

これからどんな人材が求められるのか？

企業のグローバル化によって、
第一線で仕事をする人の姿が変わる

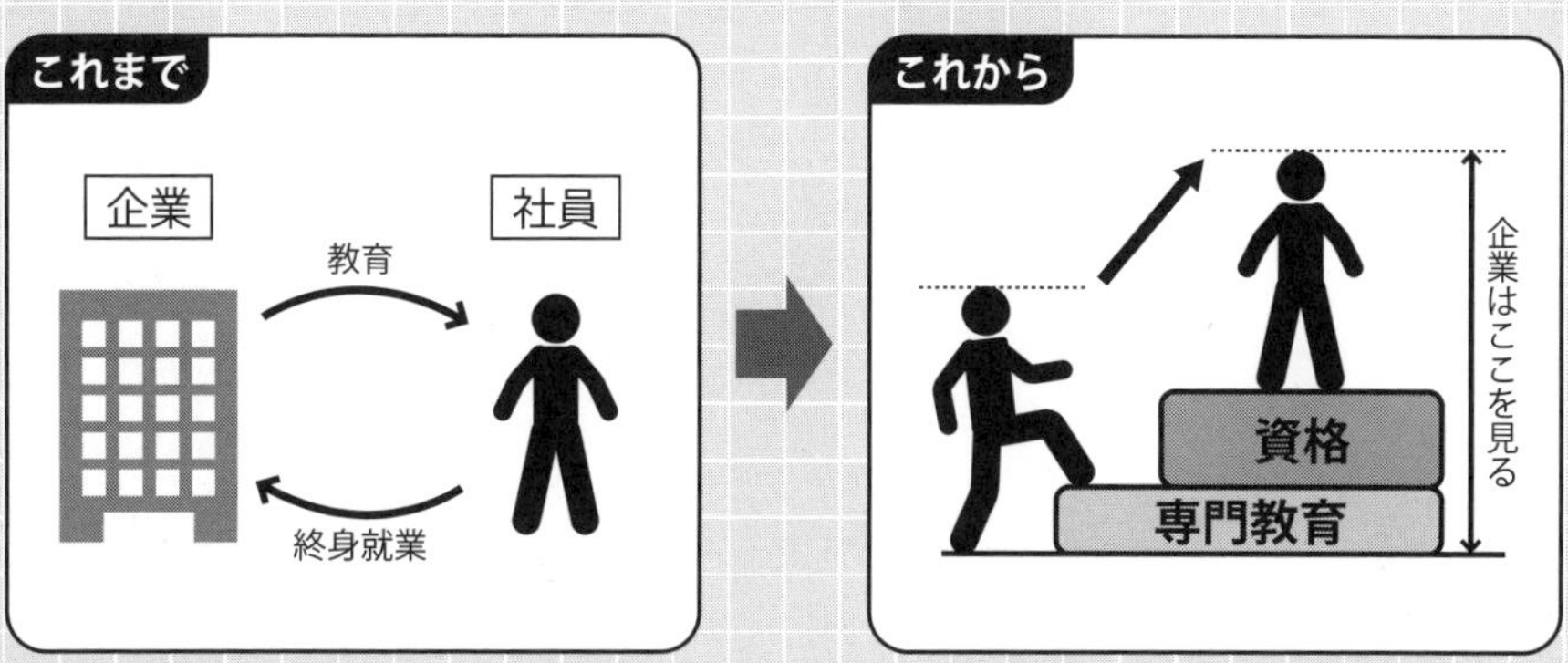
これまで
企業
社員
教育
終身就業
これから
資格
専門教育
企業はここを見る

経験のない人材を教育し、その投資に見合うように終身雇用してきた時代

企業に頼ることなく、自らを鍛えて、キャリアを積み上げていく時代

て、学歴や資格が用いられるというわけだ。

「学歴社会なら、いままでもそうだったはずだ」と思うだろうが、これまでは真の学歴社会とはいい難い。日本企業が新卒採用で重視してきたのは、「厳しい受験競争に打ち勝ち、どの大学に入ったか」である。

いわば入試歴を見ていたにすぎないのだ。

本当の学歴社会で問われるのは、「大学で即戦力になりうる専門的な教育を受けたか」である。

最近になり、日本企業も大学である程度、専門的教育を受けたことを前提に、職種別採用をするようになってきた。この傾向はますます進むにちがいない。

すでに第一線で仕事をしている人でも、将来のために、留学などを通じてキャリアを積み上げる選択肢を用意しておくべきである。

さらに身近なところでは資格がある。勤め先が大きく姿を変える可能性や、また目標に向かい転職することも考え、武器になる資格を取ることを検討すべきではないだろうか。

Essence 12

1次情報にこだわる情報収集を

貴重な情報を得るためには聞き上手になる

情報化時代の勉強法としては、インターネットの活用に頭がいきがちだが、玉石混淆の世界だけに注意が必要だ。

興味のあるテーマについて調べたり、ほかには出ていない情報を探求したりする場合は、なにより1次情報を重視すること。信憑性の疑わしい話の書き込みを読んでも知識の形成にはつながらない。

可能であれば、関係者、当事者、専門家などから話を聞くことを考えてもいい。下調べをしたうえで、会いに行き、質問をぶつけてみる。実際に行なってみるとわかるが、直接の話は臨場感があり、頭にも残りやすい。

およそ勉強上手は聞き上手である。人の話を聞くのは簡単だと思っている人がいるなら、それは誤解である。

本当の聞き上手は、相手の思考や理解を探り、位置づけまで考えるもの。だからこそ相手も気持ちよく話ができ、貴重な情報を惜しみなく教えてくれるのだ。

聞き上手になれば、貴重な情報が入ってくる。インターネットにおいても1次情報は賢く活用したい。

情報公開法が施行されて以来、行政機関の文書は迅速に公開され、インターネットを通じて誰でも閲覧できるようになっている。

たとえば、経済財政諮問会議の議事録など3日後にはアップされている。興味のある分野、追いかけているテーマであれば、公開情報に触れることは貴重な機会である。

政治関連、公的機関の発信については、マスコミ報道の2次情報に頼りすぎない。新聞でも書き手の主観は入るものだ。盲信するのは危険である。

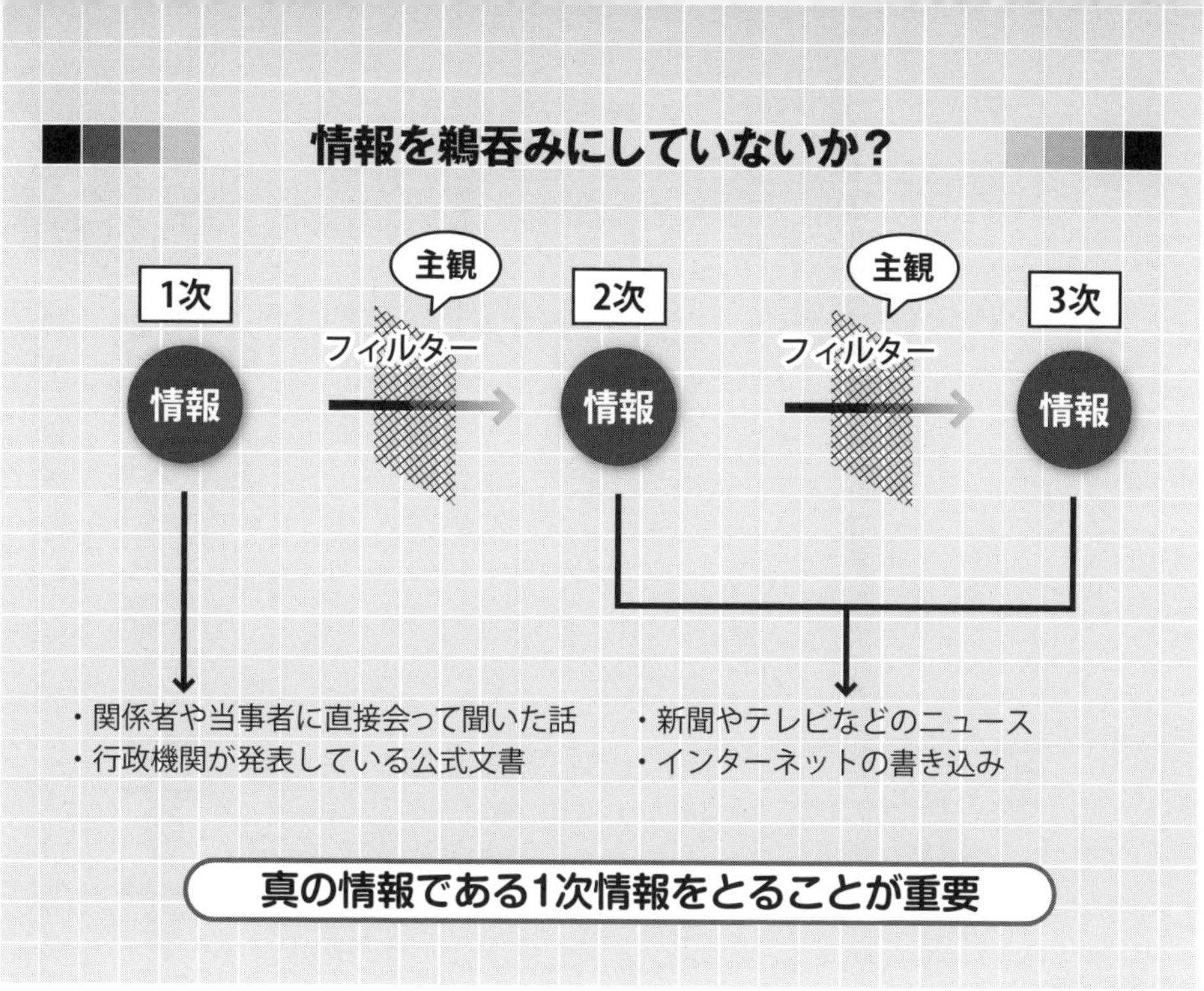
情報を鵜呑みにしていないか？
1次
情報
主観
フィルター
2次
情報
主観
フィルター
3次
情報
・関係者や当事者に直接会って聞いた話
・行政機関が発表している公式文書
・新聞やテレビなどのニュース
・インターネットの書き込み
真の情報である1次情報をとることが重要

COLUMN

情報収集法
貴重な情報は現場にあり

1次情報を集めるためには、人に会い、現場に出かけていくフットワークのよさも大切である。せっかく海外に出かけたなら、現地の一般の人と話し、生の情報収集を心がけてほしい。

たとえば、乗り込んだタクシーの運転手さんに「景気はどう？」と問いかけるだけでも、その国の貴重な情報を得ることができる。

私自身、公式行事をできるだけ短くして、現地の情報を得る時間を作ったものだ。なぜなら、公式行事で得る情報はフィルターのかかった情報であり、生の情報とはいい難いからだ。

たとえばベトナムを訪れたときのこと。現地コーディネーターに頼んで普通の暮らしを垣間見せてもらったことがある。郵便局員さんの家で夕食をご馳走になりながら、話を聞かせてもらった。

収入を補うためにご主人が夜アルバイトをしている話、子どもの教育に悩んでいる話など、一般の暮らしからベトナムの現状を知ることができてとても勉強になったものである。

Essence 13

頭のなかに自分だけのアーカイブを作る

定点観測のすすめ

質の高い情報を収集し、自らの血とし肉とするためには、継続することに大きな意味がある。行政機関の情報公開ページでも、新聞のコラムでも、雑誌の連載でも、これと決めたものを定点観測してみよう。

これは新聞でとくに有効な手法だ。あれだけのボリュームの記事すべてを、毎日丹念に読むのは不可能に近い。ざっと目を通して終わる人が多いのが現実だろう。それではどこまで理解できているのか大いに疑問だ。

そこで、1面、2面に加え、日本経済新聞の「経済教室」、朝日新聞の「天声人語」のような特定のコラムを読み続けることをおすすめする。

ふと気づいたときには、日々論じられている内容が、以前より深く理解できるようになっているはずだ。疑問に思ったことがあれば、本を読んだり、専門家に聞いたりして解消し、足りない情報を補うようにすればいい。

雑誌のコラムも、自分の尊敬できる著者、共感できる内容などで選び抜き、定点観測すると勉強に役立つ。コラムのなかで引用されていた本を読んだり、取り上げられた人物について調べたりして勉強するのである。進む方向性を示す導き手となってくれる。

定点観測を長く続ければ続けるほど、頭のなかに自分だけの情報アーカイブができる。これこそ、自分自身の知識として定着していくものだ。

ほんの小さな断片にすぎない情報が集まり、統合され、落ち着くべきところに落ち着いて、アウトプットできる知識へとなっていくのである。

情報を自らの血肉にする方法

散漫に情報を集めるのではなく、注目する人の雑誌の連載、新聞のコラムなど、自分で決めた情報をとり続ける

頭のなかに情報のアーカイブができる

アウトプットできる知識

COLUMN

外の風に当たる重要性を知っているか

いまやあらゆる情報は、いとも簡単に手に入るとはいえ、外に出て初めてわかることがある。外の風に当たることがいかに重要なのか、次の話はよい例ではないだろうか。

最近、スペインを訪れたときのこと。現在、スペインの失業率は、約25パーセント前後である。じつに4人にひとりが失業していることになる。日本の失業率が5パーセント前後であることを考えても、その異常さがわかるだろう。

にもかかわらず、多くのスペイン人は「なんとかなるさ」とばかりに、意外にあっけらかんと暮らしているのだ。これには首をひねったが、このとき、ふと思い当たったのである。

それはアングラ経済の存在だ。表面的には失業率が25パーセントでも、じつは統計には出てこない経済活動が、少なくないのではないか……（もちろんこれがすべてではない。ひとつの側面である）。

これはニュースだけではわからない。訪れてみて、風に当たり初めて気づかされたことである。

Essence 14

仕事や勉強の促進剤となるつき合い方

高め合える仲間の輪を広げる

「仕事をしながら勉強するには、人づき合いを減らさないと無理」と思っている人は多いようだ。たしかに、週に何度も同僚と飲みに行くような習慣があるなら、思い切って見直してもいいかもしれない。

ビジネスマンなら人づき合いも重要だが、業界のうわさ話や社内の愚痴で時間をつぶしているようなら無駄である。人間関係に支障をきたさない程度に回数を減らすか、早めに切り上げるなどして、そのぶんを勉強にあてたほうがいい。

そして、つき合う相手はじっくり選び抜くことも重要。知的好奇心を刺激してくれる優れた人々との交友関係を積極的に広げる。いい仲間とのつき合いは、仕事や勉強の促進剤となる。互いを高め合える関係ならば、貴重な時間をかける意味がある。

仲間の輪を広げるもっともシンプルな方法は、勉強会や読書会を自ら開いてみることだ。

テーマを決めてメンバーそれぞれが勉強して集まり、学んだ事柄を発表し、議論し合うようにする。これは欧米の大学ではよく行なわれている。

たとえば「TPP」「EUの今後」など、昨今の話題をピックアップしてもいいし、メンバーの構成しだいでは仕事と直結するテーマを議論するのもいいだろう。

読書会についても、文学作品を読み合う会も教養を高めるにはいいが、経済や社会情勢、国際関係などを扱った本をテーマにした勉強会もおすすめである。

テーマと日取りを決めておけば、ペースメーカーにも一役買ってくれる。本来、勉強はひとりでするものだが、仲間の存在を生かせば、挫折が少なくなるというメリットがある。

人づき合いに無駄な時間を使わない
人間関係に支障がない程度に、
つき合う相手を選ぶことも必要になる
愚痴やうわさ話の
飲み会
仕事の促進剤になる
勉強会や読書会
知的好奇心を刺激してくれる仲間を持つ

COLUMN

若いうちこそ雑用をする謙虚さを持て

効率が求められる昨今のビジネス社会において、一見、矛盾したことを言うかもしれないが、自分の仕事とは直接関係のない、いわば雑用経験は大切にすべきだろう。

また将来、課長や部長へと昇進したとき、そういう別の仕事をしている人の気持ちを知っておくことは重要である。

若い人のなかには、「開発部門で入社したから、これは私の仕事じゃない」「この会社ではやりたいことがない」と、雑用を避けたり、すぐに転職をしたりする人を見受けるが、これはじつにもったいない。

たしかに時間は限られているので、選択と集中は必要だが、少なくとも若い時分は、世の中を知らないことに謙虚な姿勢であるべきだ。キャリアに目がいく気持ちはわからないわけではないが、専門のことしか知らない狭い人間にならないでほしい。

それより、若いうちしかできない経験をできるだけして視野を広げること。そうすれば「世の中はじつにおもしろい！」ことに気づくはずだ。

Chapter 3

これまでの方程式は通用しない

「やわらか頭」で生き抜く法

藤原和博

いままでの働き方や生き方にふと不安や戸惑いを感じたなら、そのときこそチャンスだ。会社との関係、これからの働き方、そのために身につけておくべきスキルを紹介。社会の変容に合わせた常識にとらわれない発想の必要性を説く。

Kazuhiro Fujihara

1955年東京都生まれ。東京学芸大学客員教授。78年、東京大学経済学部卒業後、株式会社リクルート入社。96年同社フェローとなる。2003年から5年間、都内では義務教育初の民間校長として杉並区立和田中学校校長を務める。08〜11年、当時の橋下徹大阪府知事の特別顧問を務めた。

Essence 1

成長社会から成熟社会への変容

時代が求めるのは組織内自営業者

会社とどう向き合っていけばいいのか。自分の働き方に、ふと不安や戸惑いを感じてしまう……。

誰もが一度はぶち当たる壁かもしれない。

そこで本章では、会社での立ち位置、これからの働き方、そのためには何を勉強しなくてはいけないのか、社会の変容に対峙できる人間のあり方について考えてみたい。

これまでの常識にとらわれない、「やわらかい頭」が求められていることに気づくはずである。

まずは、これからの会社像と社会の変化から見ていこう。

今後10年で、会社のあり方は劇的に変わるはずだ。いまは揺るぎない存在に見える大企業でさえ、これまでと同じ形態ではいられなくなるにちがいない。

この変化の根底には、成長社会から成熟社会への変容と、もうひとつ、「みんな一緒」という価値観から「それぞれ一人一人」の価値観への急速なシフトがある。

戦後の高度成長のなかで実現された「一億総中流社会」では、良い学校から一流企業に入れば幸せになる「みんな一緒」の成功モデルがあった。

終身雇用と年功序列で賃金は年々上がり、年金があるから老後も安泰と、会社（または国）に任せておけば、個人のその後の人生計画など不要だった。

だが、ご存じの通り、日本の成長はすでに15年前から頭打ちである。

言い換えれば、ヨーロッパのような成熟社会に突入しており、「それぞれ一人一人」の価値観に基づいて、自分なりの幸せを追求しなくてはいけない社会が到来しているのだ。

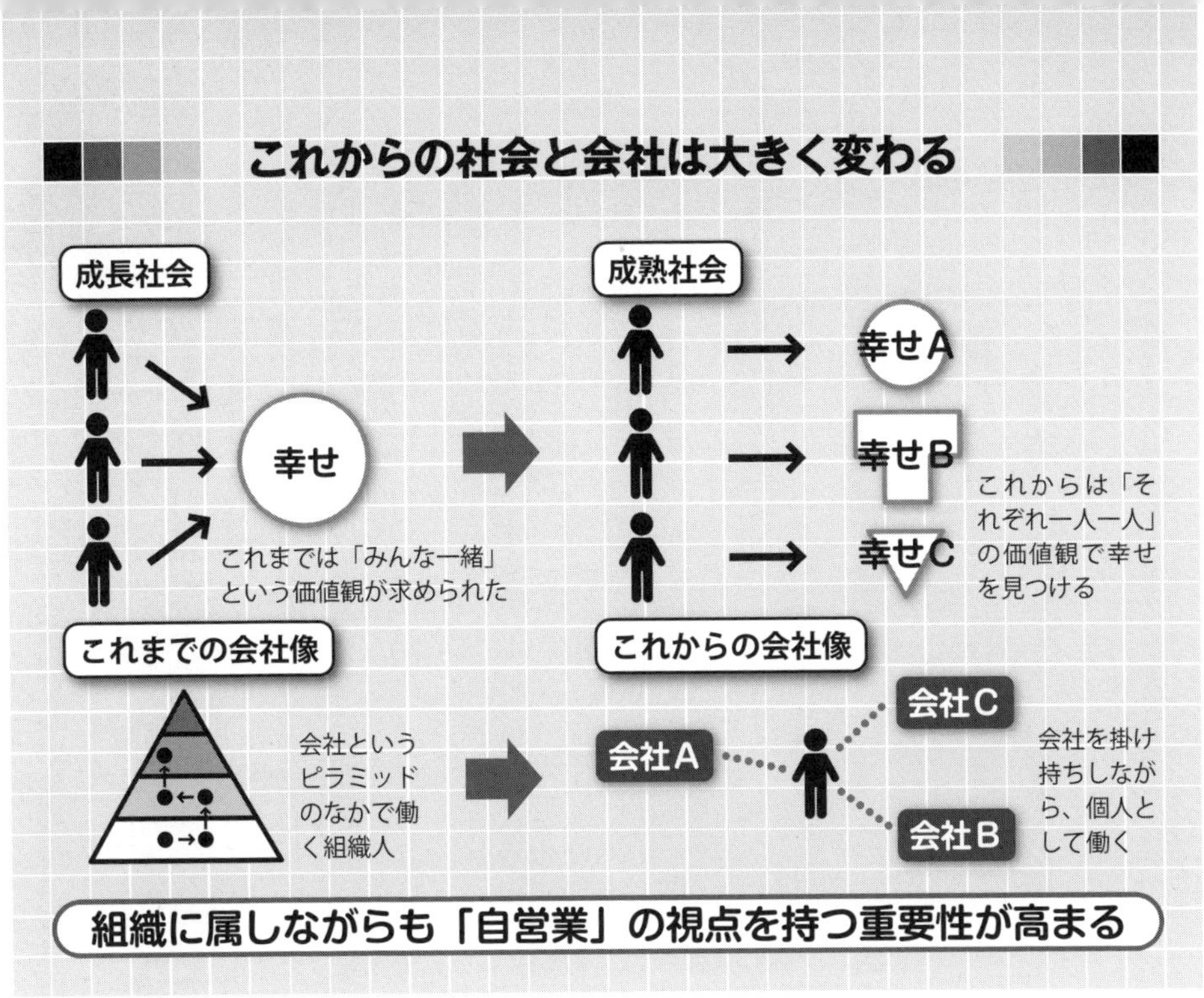

これからの社会と会社は大きく変わる
成長社会
幸せ
これまでは「みんな一緒」という価値観が求められた
成熟社会
幸せA
幸せB
幸せC
これからは「それぞれ一人一人」の価値観で幸せを見つける
これまでの会社像
会社というピラミッドのなかで働く組織人
これからの会社像
会社A
会社B
会社C
会社を掛け持ちしながら、個人として働く
組織に属しながらも「自営業」の視点を持つ重要性が高まる

ネット社会が働き方を変える

さらなる揺さぶりをかけたのが、インターネットの浸透である。

誰とでも容易につながれるようになれば、会社において、なにも社長がトップに君臨するピラミッド型の組織である必要はない。これまでの形態はどんどん壊れ、会社に属さずとも仕事ができるようになるはずだ。

もっと進めば、コピー、ファックスといったオフィス機器のインフラとしての会社は存在しても、それを利用する個人は、2社、3社を掛け持ちして働くような時代が来てもおかしくない。

では、このような激変する時代に、ビジネスマンの意識に求められるのは何か。

それはひとえに「組織内自営業者」という意識である。「組織人」から組織のなかの「自営業者」へ。

組織に属しながらも自営業の視点を持つことである。会社のブランドに頼ることなく、自分自身で勝負できるか否かが問われているのだ。

Essence 2

ひとつの正解を求めず納得解を導き出す

正解主義から修正主義へ

成長社会から本格的な成熟社会へと変わりつつあるいま、前述の組織内自営業者の意識を持つとともに求められるのは、自分が「納得できる」答えを導き出す力だ。

昔の学校時代を思い出してみよう。たしかに「みんな一緒」のころは、読み書きそろばんといった正確さや速さ、答えを暗記する能力などが、到達度の目安だったはずだ。いわば情報を処理する力が重視されてきた。

これに対し、いまの実社会はどうだろうか。

ひとつの正解を求めていては対応できない。知識をそのまま用いるのではなく、常識や前例を疑ってみたり、柔軟な発想で組み合わせを変えてみたり、状況に応じて複眼的なアプローチができる情報編集力が問われている。

社会で遭遇する問題の多くに絶対的な正解がないことは、誰もが経験しているだろう。皆に当てはまるひとつの正解など存在しないのである。

だから、自分と他者が同時に納得できる「納得解」を試行錯誤しながら見出す必要がある。いわば「正解主義」ではなく、状況に応じて答えを導き出す「修正主義」が重要になってきたのである。

この正解主義と修正主義の考え方は、野球とサッカーを比べれば違いがよくわかる。

野球は、攻守の順番がはっきりしており、一人一人きちんと役割が決まっているが、サッカーでは、キーパーを除けば役割がさほど固定されていない。攻守が同時多発的に起こるので、一人一人が自分の判断で臨機応変に対応し、修正を加えながらゲームを進めていくことになる。

このように、仕事においても修正を重ねながら前へ進める発想が求められているのだ。

ひとつの正解を求めようとしていないか？
正解主義
情報を処理してひとつの正解を導き出す
情報処理力
実社会に絶対的な正解はない。これを求めていては対応できなくなる
修正主義
試行錯誤を繰り返しながら修正して解を探す
情報編集力
状況によって正解は変わるのが社会。自分と他者が同時に納得できる解を求める

COLUMN

自営業者への第一歩は自分にかかるお金を知ること

組織内自営業者、すなわち個人営業主になったつもりでオフィスを見渡せば、パソコンや携帯電話はもちろん、文房具でさえ、大事な資源だとわかる。自営なら当然、オフィスの賃料から通信費、光熱費なども気になるだろう。いくら稼げば生計が立てられるか、その視点を持つことが重要なのだ。

これまでの意識を変える第一歩として、自分にかかるお金について知ることからはじめてほしい。正確な年収がいくらで、税金、年金や健康保険などにいくら天引きされているのか。

恥ずかしい話だが、私も40歳で会社を辞めるまで何も知らなかった。退職後に厚生年金の支給額の知らせが届き、「たったこれだけか……」と驚いたくらいだ。

ほかにも、子どもがいるならひとりにつき学校教育に税金がいくら使われるのか、住宅ローンがあるなら残金のうち元金と利子はどういう比率になっているのかなど、自分の周りのお金について明確にすることが、まず第一歩として大切だ。

Essence 3

本業だけでは、もはや生き残れない!?

本線に加えて支線を伸ばし、増やす

これまで社会の変容について述べてきたが、激変の時代において、本業とは別に身を助ける術を持っておくことをおすすめしたい。

もし会社勤めをしているなら、勤め先の仕事を本線として、仕事以外の支線（サブ・テーマ）をいくつか作っておくことである。

この重要性は、鉄道にたとえれば理解しやすい。単線の鉄道ではどこかで事故が起きたら完全にストップしてしまうが、複線、複々線化しておけば、路線を臨機応変に使い分けて対応できる。

つまり、万一、本線で問題が起きても支線へと乗り換えが利くわけだ。

支線の対象はなんでもいい。『坂の上の坂』（ポプラ社）にも詳しく書いたように、ボランティア活動を通して地域社会と密になるのもいいし、ブログやツイッターでネットワークを築くのもいい。大学時代の研究テーマや昔オタクだったころの趣味をもう一度深掘りすることでもいいだろう。

支線を持つことは、雇用する会社からしてもメリットが大きい。社員が別の道を切り開くことは、それが会社の仕事にも必ずかえってくるからである。逆に、仕事ひと筋で、それ以外まったく広がりのない人材は、伸びしろがないと判断されるだろう。

この支線作りは、若いうちからはじめたほうがいい。定年間際になってから、慌ててはじめるのでは間に合わない。

理想的には、20代のうちに本線とは別に支線を2本、細く短くてもいいから出しておく。そして、30代で3本、40代で4本というように、増やし育てていくのだ。継続して太い支線ができれば、本線からの乗り換えはもとより、支線の世界でつながった人々のサポートが、心強い助けとなるはずである。

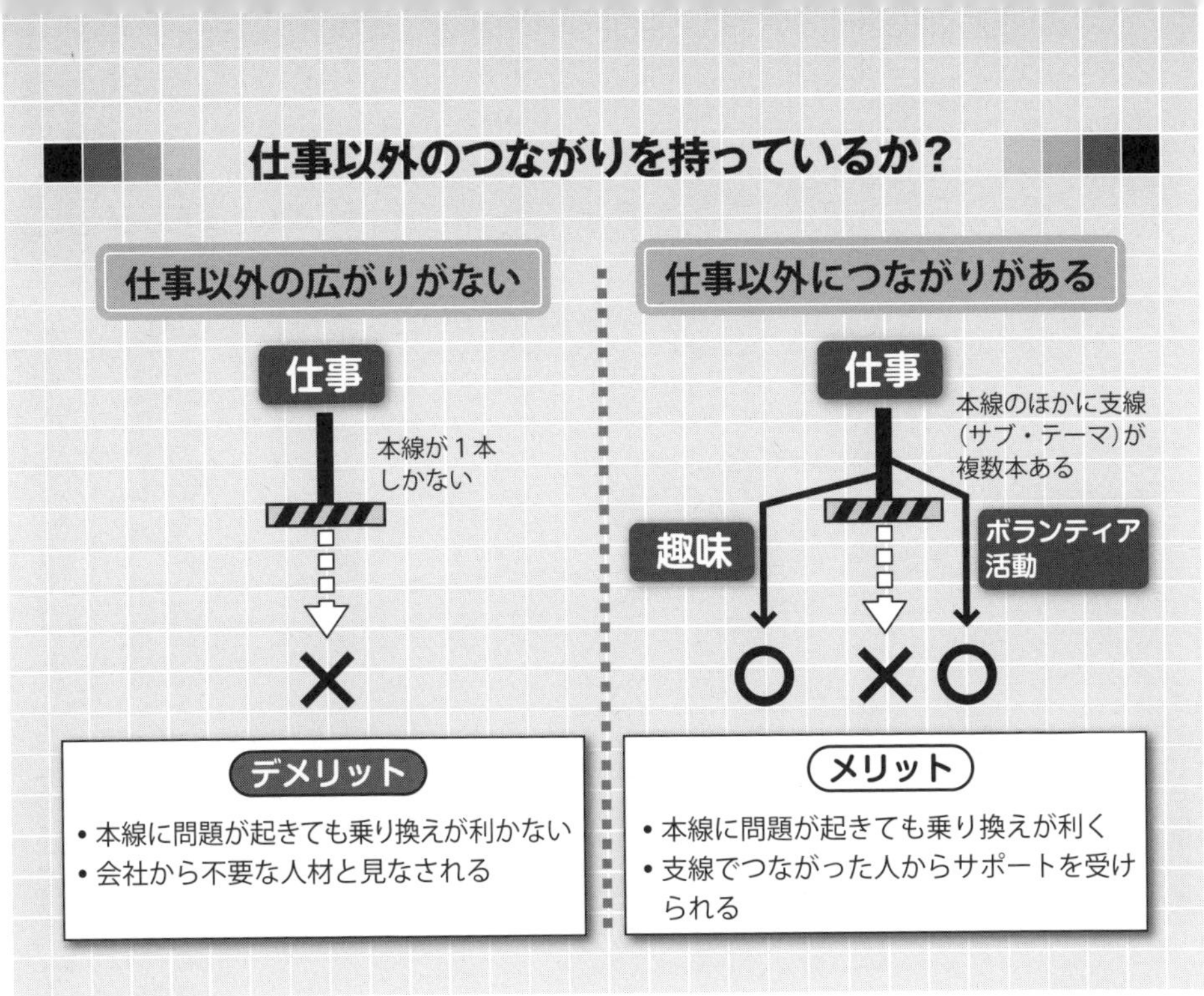
仕事以外のつながりを持っているか？
仕事以外の広がりがない
仕事
本線が１本
しかない
×
デメリット
• 本線に問題が起きても乗り換えが利かない
• 会社から不要な人材と見なされる
仕事以外につながりがある
仕事
本線のほかに支線
(サブ・テーマ)が
複数本ある
趣味
ボランティア
活動
○ × ○
メリット
• 本線に問題が起きても乗り換えが利く
• 支線でつながった人からサポートを受けられる

COLUMN

30代後半で教育をテーマに決め 10年後に中学校の校長に

大学を卒業してリクルートに就職した私が、なぜ中学校の校長になったのか。この乗り換えぶりを不思議に思う人も多いだろう。

じつは、37歳でヨーロッパに赴任するときから胸に抱いていたのが、「40代、50代でどんな仕事をしたいのか、改めて考えてみよう」という思いだった。

ヨーロッパで暮らし、成熟社会にじかに触れるなかで出した答えは4つ。「教育」「住宅」「介護を中心とした医療」「組織を超えた個人と個人のネットワーク」というテーマだ。

帰国後の6年間はリクルート社のフェローという形で、この4つのテーマを追いかけることになった。その後、本線から乗り換え、教育を中心に生きていこうと決めたのは、「もっともレバレッジ（梃子の効果）が効きそうだ」と考えたからである。

そして学校教育の改革に画期的なインパクトを与えるために、リクルートで培った営業力、プレゼンテーション力が活用できる現場として飛び込んだ先が、中学校の校長だったというわけだ。

Essence 4

キャリア5年以下の人材は役に立たない

会社と自分のベクトルの和を最大に

前述した本線に加え支線を出すことは、いたずらに転職を重ねることではない。

就職した会社が合わないと、まるで「青い鳥」を探すように、転職を繰り返す人がいるが、「自分にぴったり合う仕事」を会社に求めても、まず青い鳥は見つからない。

そもそも会社や仕事は変化するものだ。そのなかで自分は何をすべきかを、その都度修正していくべきなのである。

もし、現在の自分が青い鳥を探そうと考えているなら、その前にいまの仕事をマスターし、コア(核)の技術とすることを考えてほしい。

せめて30代前半までにひとつの仕事で5年以上の経験を積まないと、それはキャリアにはならない。事実、人材を見抜くプロであるヘッドハンターの間でも、キャリアが5年以下の人材は、どの会社でも役に立たないと見なされる。

詳しくは後述するが、どんな仕事でもマスターするのに必要なのは、「1万時間」をかけること。若い時分にそれだけの時間を費やせば、たとえ会社を辞めることになっても、その分野で食べていけるようになるからだ。

そのためにも、まず前述の「組織内自営業者」を意識しながら、会社のベクトルと自分のベクトルを見直してみるべきだろう。

会社のベクトルに合わせさえすれば出世して幸せになれる時代ではないし、反対に私生活や趣味にエネルギーを注いで、会社とは真逆の方向に突き進む生き方も難しい。

左図で示したように、会社と自分のベクトルの和を最大に引き伸ばす働き方こそ、目指すべき姿なのである。

いつまで"青い鳥"を探しているのか？

×　転職を繰り返す人

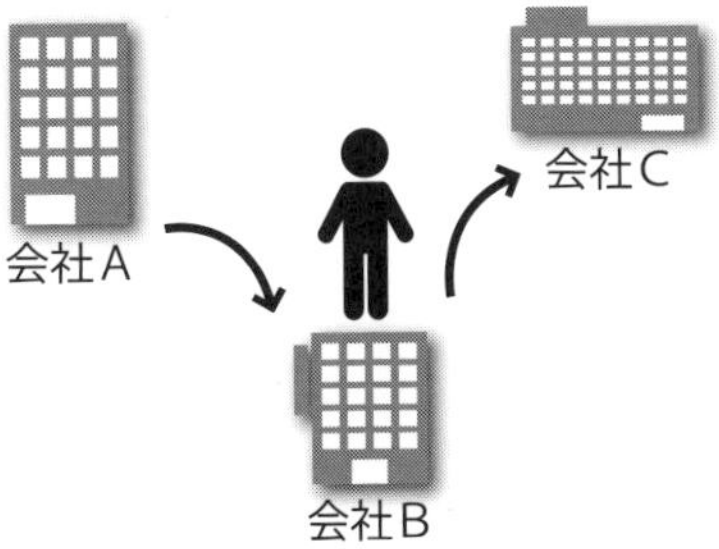
会社A
会社B
会社C

自分に合った会社（＝青い鳥）
を探しても見つからない

○　いまの仕事をマスターする人

１万時間をかけて核となる技術
を身につければ、それで食べて
いける

会社と個人のベクトルを見直す

会社優先

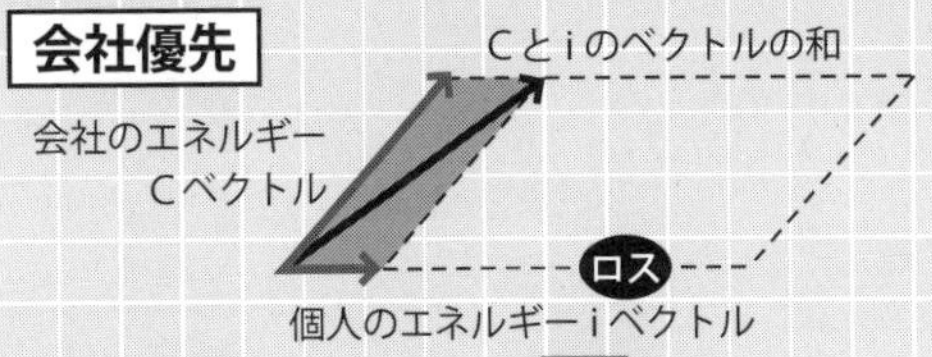
Cとｉのベクトルの和
会社のエネルギー
Cベクトル
ロス
個人のエネルギーｉベクトル

会社に寄り添いさえすれば、出世して幸せになれる時代ではない。個人のエネルギーのロスが大きくなる

個人優先

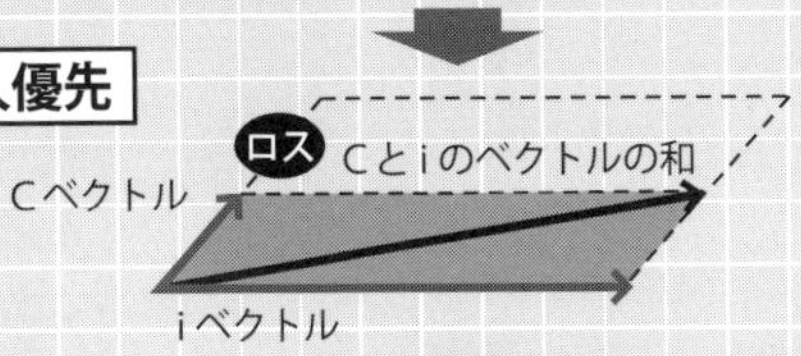
ロス
Cとｉのベクトルの和
Cベクトル
ｉベクトル

個人の趣味や思考を優先して会社に属することは難しい。会社のエネルギーのロスが大きくなる

目指すべき姿

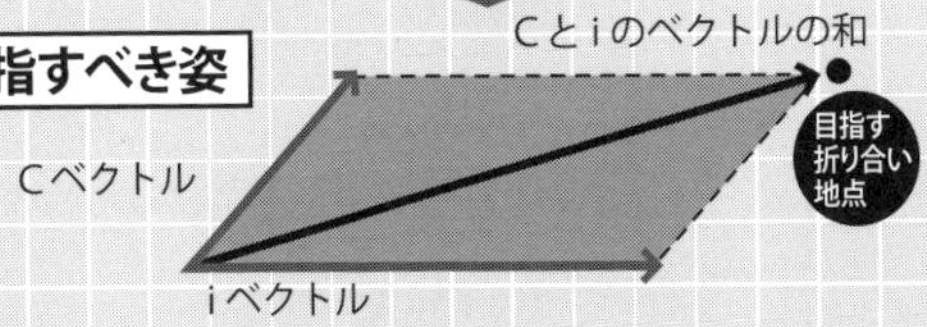
Cとｉのベクトルの和
目指す
折り合い
地点
Cベクトル
ｉベクトル

会社と個人のベクトルの和を最大限に引き伸ばす働き方を追求する。これが相乗効果を生む

Essence 5

1日3時間×10年で人生が変わる!

1万時間で自分の可能性を広げる

いまの仕事に1万時間は取り組む覚悟を決めたら、それと並行して支線にするテーマにも1万時間をかけてほしい。

でも、そもそもなぜ1万時間なのか。

これはマルコム・グラッドウェルが、『天才! 成功する人々の法則』のなかで述べているのだが、天才と呼ばれる人々でさえも、じつはそれだけの時間を練習や勉強にあてて技術を磨いてきた事実があるからだ。モーツァルトやビートルズ、ビル・ゲイツなどの例を挙げて、この事実を検証している。

言い換えれば、なんの努力もせずに、降って湧いたような資質や才能など、人間には備わっていないのである。

ただ1万時間と言われて、その時間がどのくらいの長さなのかピンとこない人もいるかもしれない。そこで実際にシミュレーションをしてみよう。

会社に勤めていても、帰宅後の9~12時など、1日3時間の勉強時間をとるのは不可能ではないはずだ。今日からはじめれば、約1年で1000時間を超える。これを10年間、積み重ねれば、軽く1万時間を突破できる。

以前から勉強し直そうと考えていた英語に取り組んでもいいし、今後、確実に必要性が高まるであろう中国語をはじめてもいい。

もちろん、テニスやダンス、囲碁や将棋といった趣味の世界でもいい。

これだけの時間を続けるには、やはり好きなジャンル、興味のある分野を選ぶことだ。

目指すべきは二流の1番

では、1万時間を費やせば、10年後に天才もしく

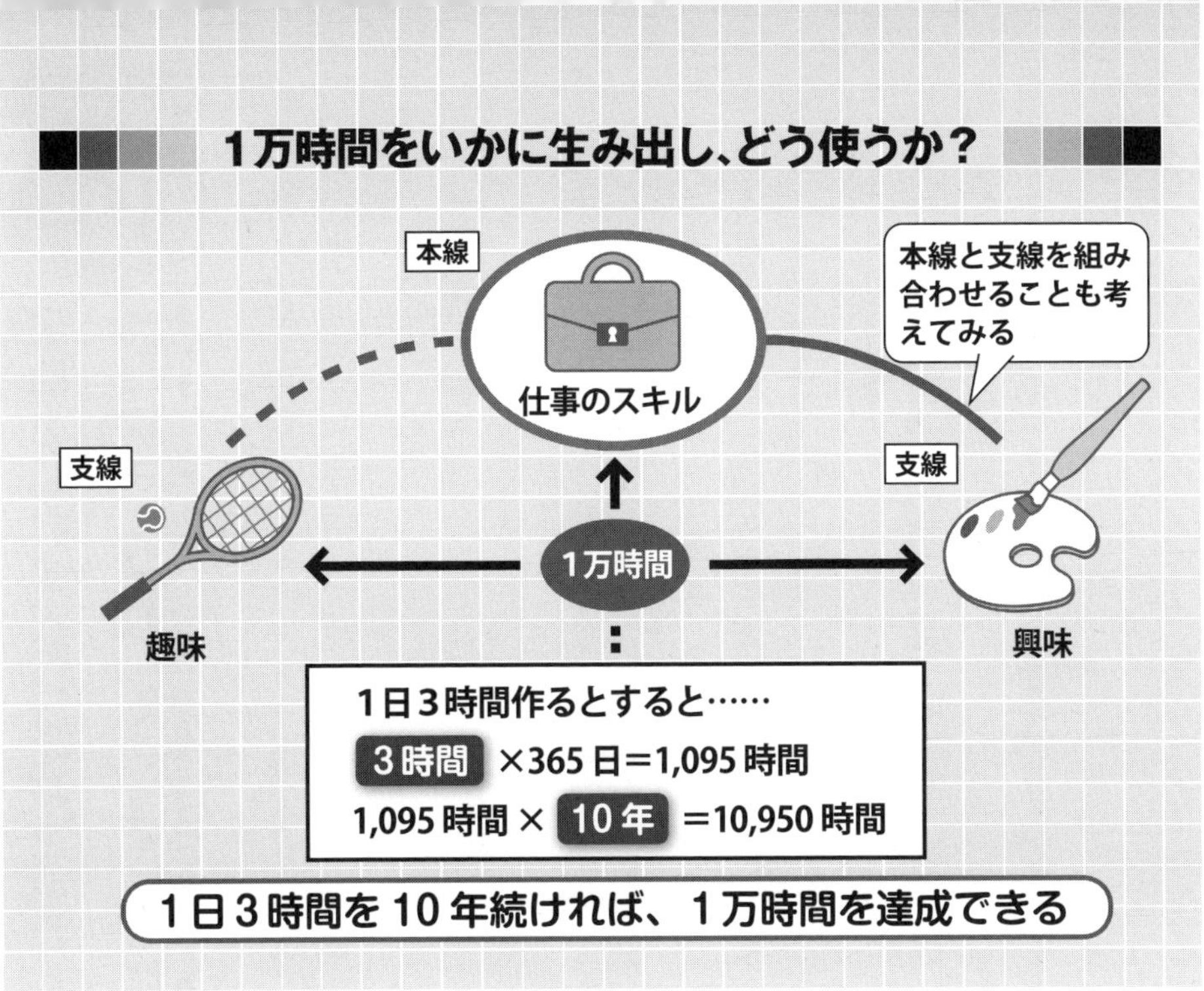
1万時間をいかに生み出し、どう使うか？
本線
仕事のスキル
本線と支線を組み合わせることも考えてみる
支線
支線
1万時間
趣味
興味
1日3時間作るとすると……
3時間 ×365日＝1,095時間
1,095時間 × 10年 ＝10,950時間
1日3時間を10年続ければ、1万時間を達成できる

は一流と呼ばれるようになるかといえば、こればかりはわからない。

だから是が非でも一流を目指すのだとは考えないこと。一流を目指して燃え尽きたり、挫折したりするより、二流の1番で十分だというやわらかい発想を持ってほしい。

そのほうが楽しめるし、なによりその分野における他人とのコミュニケーションも密になるはずなので、それだけ人生が豊かになる。

また、本線と支線を織り交ぜてみる発想もおすすめだ。ニッチ分野に着目し、本業と1万時間の成果を組み合わせて考えてみる。

たとえば旅行会社勤務で犬が好きなら、ブリーダーやペット関連の勉強を重ね、犬連れで参加するツアーを企画したり、美容関係の仕事をしていて絵を描くのが好きな人なら、ネイルアートを学んでサロンを開いたりしてもいいだろう。

頭をやわらかくすれば、あなたの可能性は限りなくふくらむのである。

Essence 6

失敗を恐れず、試行錯誤を重ねる覚悟を

何事も100を目標に挑戦する

新たに取り組む支線（サブ・テーマ）を見つけたら、まずは100を目標に行動を起こしてみることだ。

1万時間を費やしてマスターするとはいえ、やはりそこは長丁場。途中で挫折しないためにも、100はひとつの指標となるはずである。

たとえば、英語をテーマにしたなら、期間を区切って英単語を100個覚える。TOEICの過去問を100問解く。また英字新聞のコラムを100本読むと設定してもいいだろう。自分なりの100を設定し、取り組んでみる。

これはなにも支線に限った話ではない。本線である仕事でも使える方法だ。

たとえば営業マンなら「100社飛び込む」「100のアポを取る」「100の現場をまわる」と決める。

これを達成するためには、気恥ずかしい、うまくいかなかったらプライドが傷つくなどと、躊躇してはいられないはずだ。覚悟を決めて、とにかく数をあたるしかない。

よく若手営業マンのなかに「訪問先では軽くあしらわれるし、上司にはどやされるし、飛び込み（営業）はきつい」と愚痴を言っている人を見受けるが、そんなことに思い悩んでいる前に、「自分は100社をまわったか」を問うてほしい。

うまくいかなければ、その都度やり方を修正すればいいだけの話。失敗を恐れず、挑戦することに意味がある。

じつは実践してみるとわかることだが、30社くらいで、その世界の相場観がつかめてくる。相手へのふるまい方や話し方など、「営業とはなんたるか」という答えが見えてくるものなのだ。

目標を「100のクリア」に設定する

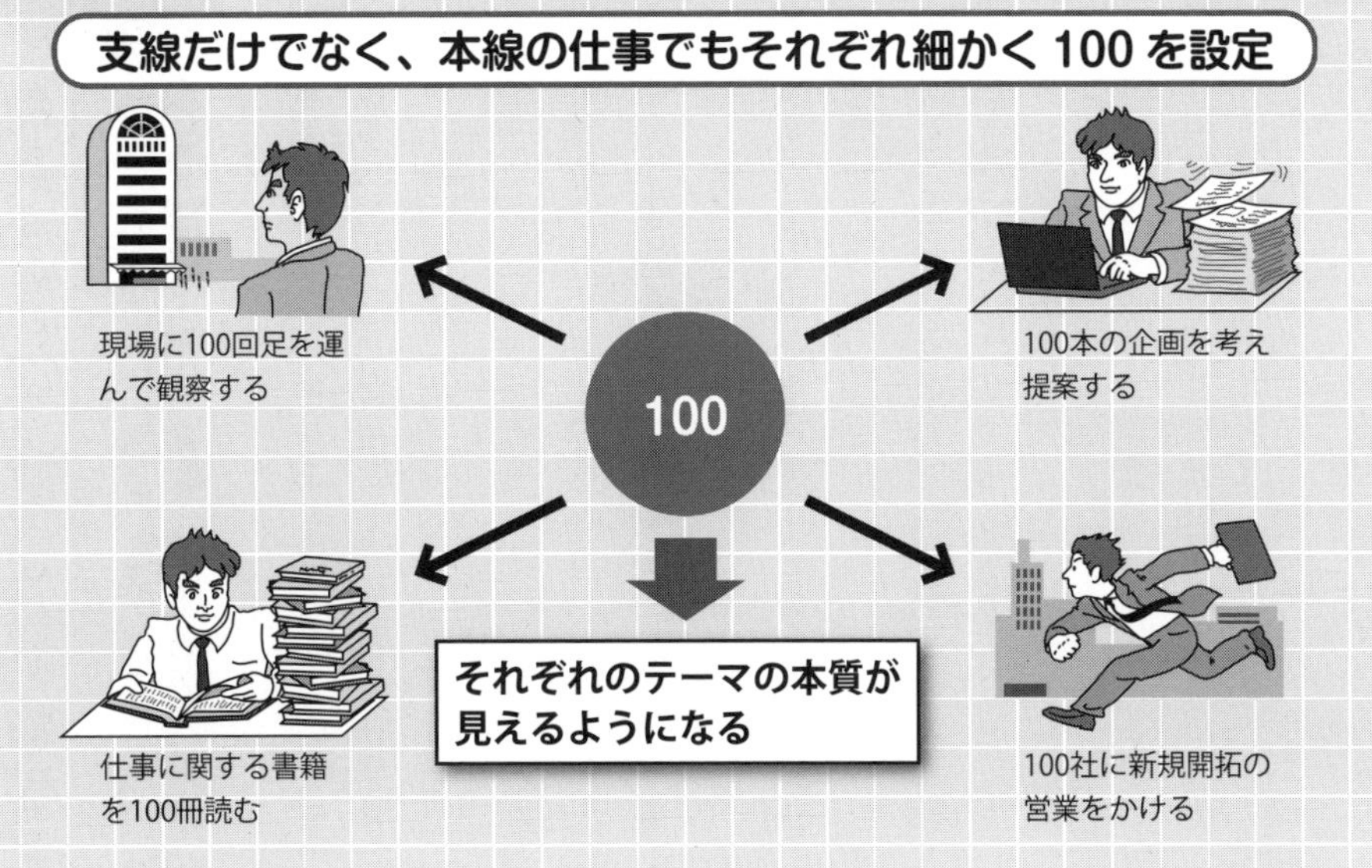
支線だけでなく、本線の仕事でもそれぞれ細かく 100 を設定
現場に100回足を運んで観察する
100本の企画を考え提案する
100
仕事に関する書籍を100冊読む
100社に新規開拓の営業をかける
それぞれのテーマの本質が見えるようになる

COLUMN

著書でも教育でも１００を基準に行動

初めての著書を世に出したとき、１００軒の書店をまわって売れ行きを調べることを思い立った。

１軒、また１軒と訪れてわかったのは、多くの書店では自分が思い描いていた売り場に置かれていないということである。

はじめは「なぜだろう？」「こっちに置いてくれたら、もっと売れるのに……」と首をかしげたものだが、30軒を数えるころには、その理由がはっきり見えてきた。

また、大阪府の教育分野の特別顧問となったときも、「１００校の小中学校をまわるのでアポを入れてください」と教育委員会に依頼した。

結果的に実際に訪れたのは、55校だったが、この時点で、校長を務めた和田中学校でとった方式が８割方通用すると確信できた。

このように１００と決めて取り組むと、物事の本質や全体像がつかみやすくなる。

ゲーム感覚でもいい。１００を目標にぜひ試してみてほしい。

Essence 7

教養を身につける最善の策は、たったひとつ

年間100冊の本を読む

100冊をどう読むのか？

１００を基準にした挑戦において、自分のテーマが見当たらないというのなら、まず年間１００冊の本を読むことをすすめたい。

とくに若手ビジネスマンなら、本は、時間もお金ももっとも投資すべき対象である。

周囲がブランド品を持っているからと、自分もそれに合わせてみたり、流行に遅れまいと三ツ星有名店に通いつめたりしたところで、自分の魅力は決して上がらない。

よく考えてみれば、それは当たり前である。みんなと同じことをしていれば、相対的な価値は必然的に下がるものだからだ。

ファッションやグルメではなく、読書にこそ自分の魅力を作る力があることに気づいてほしい。

昨今、本離れが叫ばれて久しいが、本を読まない人は、まず教養があると見なされない。読書量の差は、如実に教養の差となってあらわれる。これは、仕事で組む相手として見てもらえないということにほかならない。

しかしビジネスマンからよく耳にするのが「とてもそんな時間はない」という言い訳である。そういう人には、通勤方法を変えることを提案しよう。

現在、数十分で通勤できるようなところに住んでいないだろうか。たしかに、数回の乗り換えがあることを考えれば、車内でじっくり読む時間は確保できないだろう。

そこでいっそのこと、勤め先のすぐそばに住むか、または電車だけで1時間以上かかる遠い場所に

年間100冊の本を読むためのコツ

「時間がない」を言い訳にしない

対策1 勤め先に近いところに住むことで、帰宅後に読書時間を確保

対策2 勤め先から遠いところに住むことで、長い通勤時間を読書時間にする

「お金がない」を理由にしない

対　策 図書館を利用する（返却期限があるのでペースメーカーにもなる）

読み方のルールを決める

ルール1 最初の50ページ程度で、読み続けるか否かを判断する（途中でやめてＯＫ）

ルール2 読了しなくても、１冊に数える（途中でやめた本もカウント）

住むか、どちらかを選んだらどうだろう。

勤め先の近くであれば、帰宅後すぐに読書時間を確保できるし、郊外なら、朝晩の通勤でまとまった読書時間がとれるはずだ。

さらに、「年間１００冊も投資するお金がない」というなら、図書館の利用を考えよう。本来は、身銭を切って投資すべきだが、どうしても難しいなら図書館の本でもいい。

図書館なら、貸し出しに返却期限があるので、それがペースメーカーにもなり一石二鳥だ。

ここでひとつ注意したいのは、年間１００冊といっても、それは「目を通すだけ」の本もカウントしてよいというルールにすること。

万一、最初の50ページを読んでつまらないと思ったら、最後まで読もうとせず途中でやめてかまわない。それでも1冊にカウントする。最後まで精読するのは、20～30冊でもいいのだ。

このように考えれば、年間１００冊もあながち無理な話ではないはずだ。

Essence 8

本を読んだらアウトプットせよ

読書記録で情報編集力を訓練する

年間100冊もの本を読むようになると、あるときから自然と言葉が、自分のなかからあふれ出す実感が得られるようになるだろう。さまざまな情報、知識をインプットし続けた結果である。

100冊×10年で1000冊、さらにがんばって2000冊を突破すれば、自ら本を書けるまでになっていても不思議ではない。

自分の経験をからめたビジネス書でも、追求しているテーマに関する研究書でもいい。それまでに蓄積してきた仕事、勉強、趣味などの成果を1冊の本にまとめ、世に問うことができるのだ。

その前段階としてぜひはじめたいのが、読んだ後に記録をつけることだ（読書記録）。

専用のノートを作って感想文を書いたり、ブログを立ち上げて意見を発表したり、その手段や内容は問わない。

立派な書評を書こうなどと考えず、ツイッターでつぶやくことからはじめてもいい。

この作業は、1冊の本を書くための準備になると同時に、もうひとつ大きな意味がある。

本を読んで意見を持ち、考えを巡らせることは、「情報編集力」の訓練になる。74ページでも少し触れたが、「情報編集力」とは、知識を実社会に応用するためのリテラシーだ。問題を解決するために、身につけた知識を組み合わせ「納得解」を導き出す力である。

本に書かれていた情報と自分の仕事観や人生観を重ね合わせてみてほしい。

成熟社会で生き残るために欠かせない情報編集力を、読書と読書記録により育むことができるのである。

本を読んでそのままにしていないか？
インプット
読書
アウトプット
読書記録
ツイッター
つぶやく程度でもＯＫ
ノート
感想文を書く
ブログ
意見を発表する
アウトプットの方法は
どんな方法でもいい
読書＋読書記録が情報編集力強化につながる

COLUMN

必要に迫られてはじめた年間１００冊

じつは私自身、20代まではあまり本を読んでいなかった。メディアファクトリーという出版社を立ち上げることになり、必要に迫られて読みはじめたというのが、本当のところである。

このままではいけないと一念発起し、片道1時間の通勤電車内をはじめ、あらゆる空き時間を利用し、年間に１００冊以上を読むことを自分に課したのである。

30歳でメニエール病になり、かえってそれで読書時間が確保できた事情もあった。2軒、3軒とはしご酒ができなくなり、早めに帰宅できたので、その時間を読書に使えたのは、とても大きかった。

最近では、年間に目を通す本は、小説を含めて１５０冊くらいだろうか。最後までじっくりと読むのは、それでも50冊程度である。

こうして１００冊という目標を掲げて読書をはじめた33歳から二十数年間で、これまでの読書量は３０００冊を超えている。

まさに「ちりも積もれば山となる」のだ。

Essence 9

いかに相手の記憶に自分を焼きつけるか？

名刺に頼らない自己紹介

ビジネスマンならではの情報編集力を鍛える方法に、名刺に頼らない自己紹介がある。これはとても有効なので、ぜひ取り入れてみてほしい。

初対面での名刺のやりとりはビジネスの定石だが、社名と名前の紹介だけで終わってしまうことが多い。これでは相手の脳のなかで情報が処理されたにすぎず、記憶に残りにくい。

自分のキャラクターを編集して相手に提示し、相手の頭のどこかにフックをかけることを意識してほしい。「つかみ」がとれれば、相手の記憶に残すことができる。

たとえば外見がある歌手に似ていれば、「テレビで歌ってなんていませんので、念のため」と意味深に言ってみる。名前をネタにして「太めですが、苗字は細見といいます」など、相手の笑いを引き出す。

こうして相手の心をつかめば、あとの商談がスムースに進まないわけがない。

ただ、外見や名前のひねりが使える人は、そう多くない。そこで誰もができる代表的な3つのアイデアを次に紹介しよう。

この一部は、情報編集力を鍛えるビジネスマン向けの研修でも実際に行なわれている方法である。

肩書きをとって自分の魅力を話せるか

まず、自分のキャッチフレーズを考え、それを名前とセットで伝える方法。たとえば「現在離婚調停中の▲▲です（笑）」だ。いわば「つかみ」の自己紹介である。

相手をつかむということは、相手と自分をつなげる（リンクする）ことにほかならない。ビジネスマ

肩書きだけで自己紹介していないか？

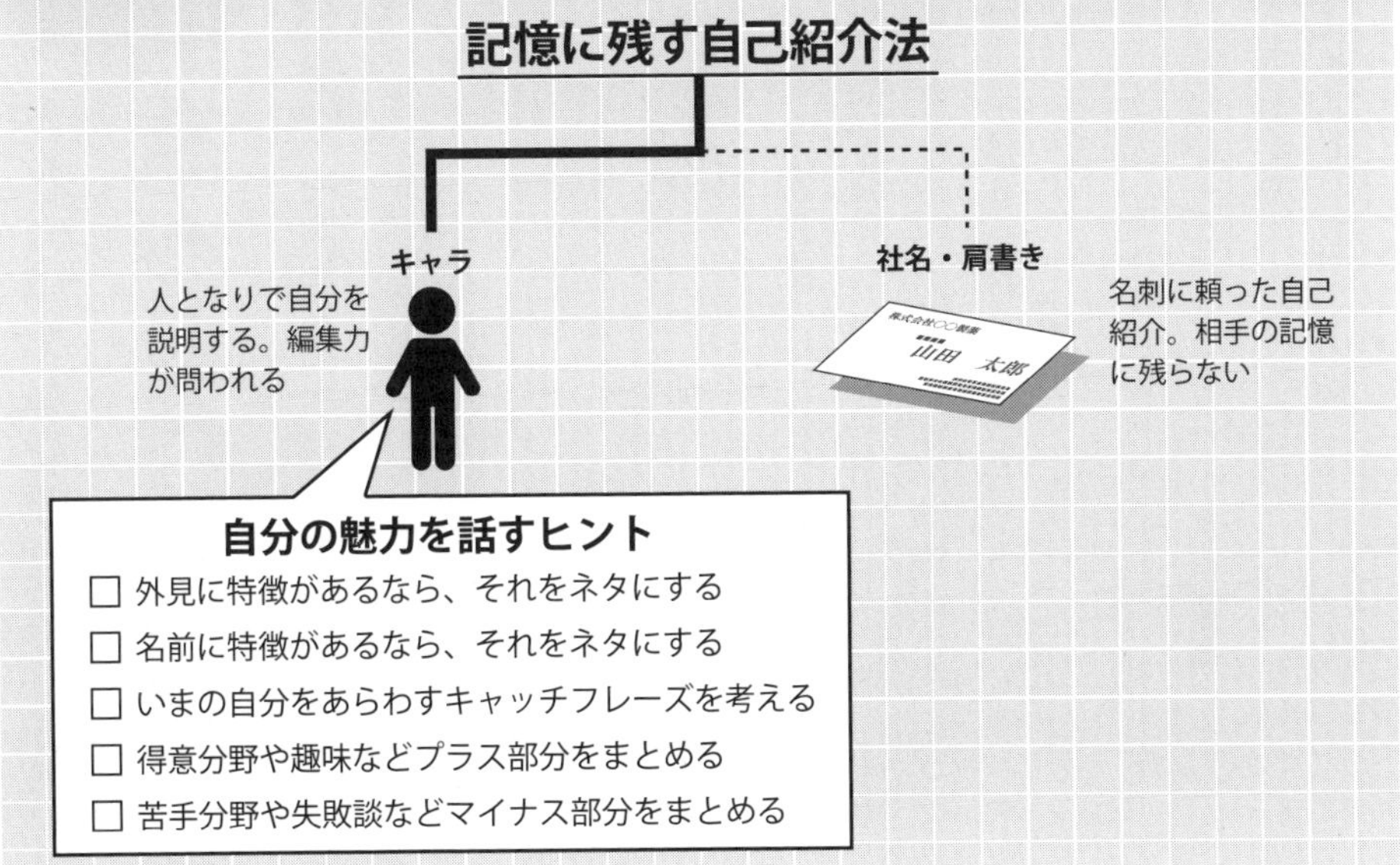
記憶に残す自己紹介法
キャラ
人となりで自分を説明する。編集力が問われる
社名・肩書き
名刺に頼った自己紹介。相手の記憶に残らない
自分の魅力を話すヒント
□ 外見に特徴があるなら、それをネタにする
□ 名前に特徴があるなら、それをネタにする
□ いまの自分をあらわすキャッチフレーズを考える
□ 得意分野や趣味などプラス部分をまとめる
□ 苦手分野や失敗談などマイナス部分をまとめる

ンのなかには、相手とつながっていないうちから、商品説明や会社案内をしてしまう人がいるが、これでは相手の頭には入らない。

次に、自分の得意分野や熱中している趣味など、自分のプラス部分を話す方法。たとえば、大の鉄道ファンなら、最後に「もし、季節別おすすめ路線について知りたい方は、お声がけください」とまとめるようなやり方だ。

最後は、自分のマイナス部分をあえて紹介する方法。自分が苦手なこと、嫌いなこと、コンプレックスなどを、おもしろおかしく話すのである。最近してしまった失敗談でもいいだろう。

こうした自己紹介を日頃から実践していると、情報編集力が鍛えられるばかりか、ビジネス現場だけでなく、支線であるコミュニティでも大いに役立つはずである。

いつも名刺の肩書きに頼っているなら、一度見直してみるのはいかがだろうか。

Essence 10

人とのつながりは最高の財産になる

ネットワークで頭脳を拡張する

これからの成熟社会において重視すべきポイントのひとつに、「人とつながる」力がある。冒頭で述べた「それぞれ一人一人」の時代と、「人とつながる」ことは、一見すると逆説的に聞こえるかもしれない。

しかし「それぞれ一人一人」の時代だからこそ、つまり正解のない時代だからこそ、人と絆を深め合うことが、ますます大切になってくる。

なぜなら、自分とつながっている人の数、味方についてくれる人の輪は、自分が持ち合わせていなかった知恵を借りられるネットワークでもあるからだ。

もちろん、自身の能力を日々高める努力も不可欠だが、並行してこのネットワークを構築できれば、自分の頭脳を拡張したのと等しい効果が得られる（「ネットワーク脳」と呼ぶ）。

こうしたつながりは、金銭には置き換えられないほど価値の高い、あなたの財産になるだろう。

だから、他者との関係を構築することは、個人がクリエイティビティを発揮して取り組む重要な課題なのである。

味方を増やして夢を実現する

ネットワークの重要性を高めた背景には、やはりインターネットの浸透がある。地球の裏側とも瞬時につながる技術の登場は、15世紀半ばのグーテンベルクによる活版印刷の発明に匹敵するインパクトで、世界を変えたといっていい。

以前なら個人では太刀打ちできなかった大きな問題にも、ネットワークを利用して挑めるようになってきた。

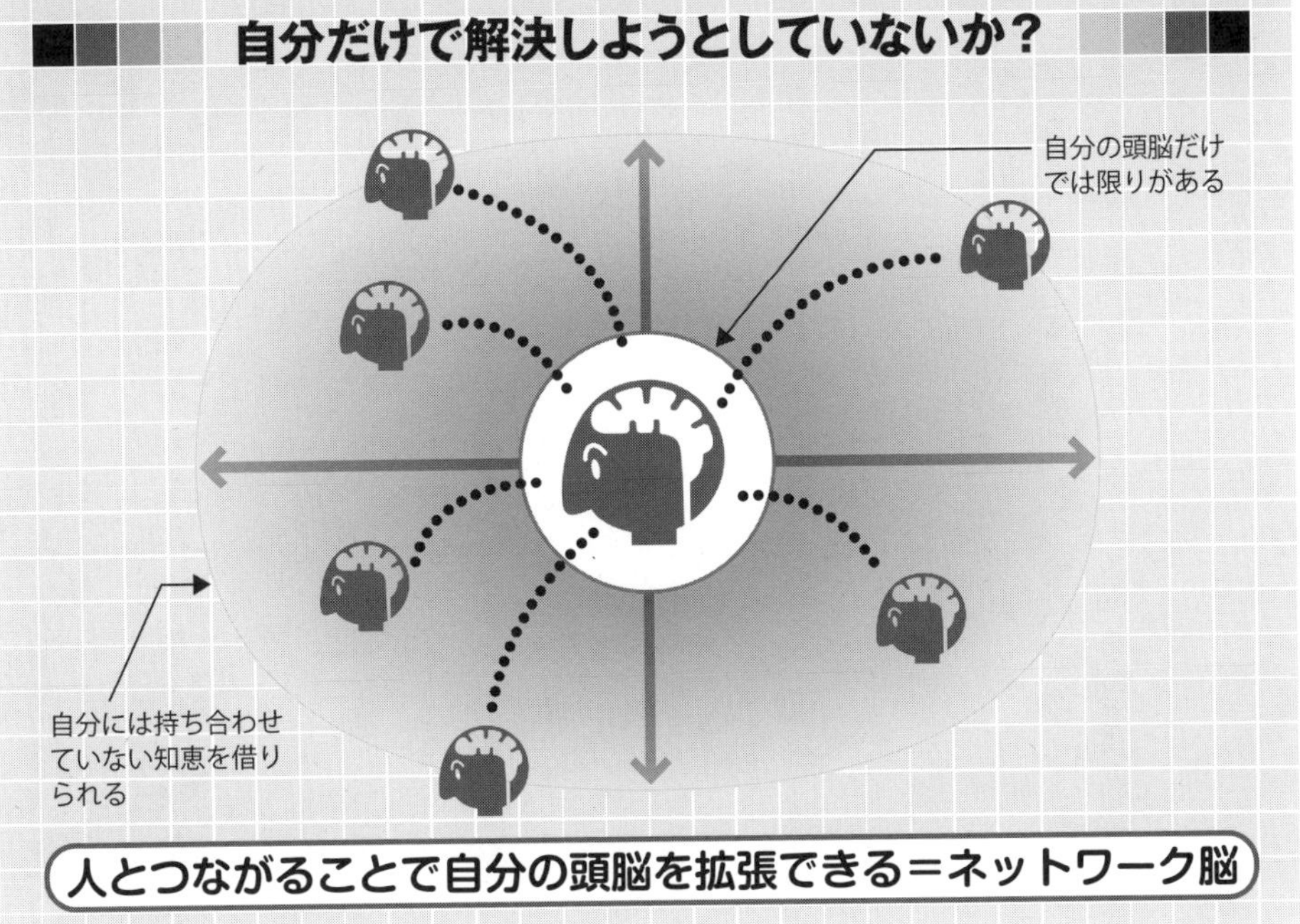
自分だけで解決しようとしていないか？
自分の頭脳だけでは限りがある
自分には持ち合わせていない知恵を借りられる
人とつながることで自分の頭脳を拡張できる＝ネットワーク脳

つまり、世界の変革をも可能にする潜在的な力を持っているということである。

これはなにも大げさな話ではない。

２０１０年に起こったアラブ世界の民主化運動、「アラブの春」がよい例だ。この運動で大きな役割を果たしたのが、ツイッター、フェイスブックをはじめとするソーシャルネットワークだった。

どれだけの人とつながり、味方を増やせるかが、あらゆる勝敗の決め手となりつつあるという証だろう。

振り返って自分の仕事に置き換えて考えてほしい。仕事で商品開発をする際も、知りえない情報をキャッチする際も、人とのつながり、つまり「ネットワーク脳」が結果を大きく左右することは容易に想像できるはずだ。

この人とつながり、頭脳を拡張する術を確立するには、コミュニケーションの技術を磨くことである。これはネット世界でも実社会でも変わらない。

次項からは、コミュニケーションをどう図っていくのか、営業とプレゼンを例に紹介していこう。

Essence 11

共通点の多い人とつき合いたい、それが人の心理

営業で共通点探しの技を磨く

営業職のビジネスマンなら、人とつながる力、コミュニケーションのスキルは、仕事を通して磨きやすいだろう。

「営業はつまらない」「自分は営業向きではない」などとぼやいている人がいるなら、それはぜいたくな不満だ。給料をもらいながら、コミュニケーションレベルを向上させるトレーニングができるのだから、これほどおいしい話はないではないか。

営業にこそ、人間関係のベースになる術があると、認識を改めるべきである。

ここでは営業の仕事を例に、コミュニケーションの図り方を具体的に述べてみたい。

営業のもっとも重要な仕事は商談成立であるが、その成否を分けるのは、やはり人と人との関係構築にある。

この関係構築に使えるのが、相手と自分との共通点探しだ。営業で初めて訪れた先では、相手がどんな人物で、自分と重なる点はないか、質問を重ねてほしい。

もちろん、さりげなく聞き出す会話術を身につけるのが目標だが、最初はスムースにいかなくて当然だ。とくに20代のうちは、失礼な発言をしてしまうこともあるだろう。それでもそこは開き直って、臆せず質問を繰り出してみる。案外相手も「まだ若いから」と許してくれるものだ。

素早く共通点を探した人の勝ち

具体的には、生年月日や血液型、出身地あたりからはじめるのが常道だろうか。

出身大学を聞くと嫌がる人もいるので、学校は中学、高校あたりでとめておくのが得策だ。

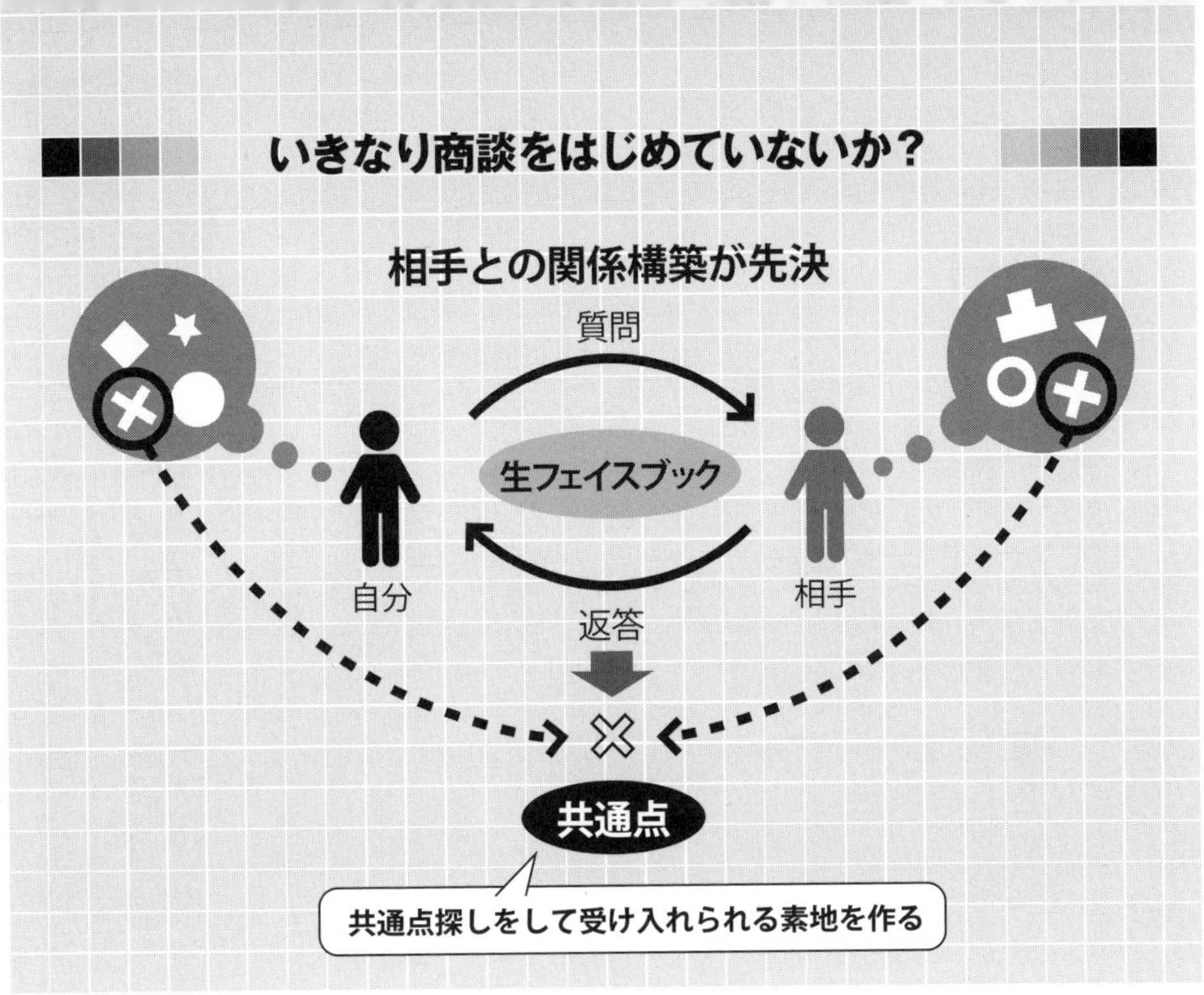
いきなり商談をはじめていないか？
相手との関係構築が先決
質問
生フェイスブック
自分
相手
返答
共通点
共通点探しをして受け入れられる素地を作る

また結婚しているか、子どもはいるか、いるなら何歳で何をしているのかなども、共通点を見つけやすいポイントだ。

趣味についても、たとえばプロ野球が好きなら、どのチームのどの選手のファンなのかと話を広げていく。直接自分から相手との共通点を探すのだから、「生フェイスブック」と呼んでもいいだろう。

このようにして、はじめの3回くらいの訪問で、相手の情報を積極的に引き出していく。共通点が2つ、3つと増えていき、10ほどにまでなれば、すでに商談がまとまりつつあると思っていいだろう。

人の心理として、共通点が多い人とつき合いたいもの。初めての取引であっても、共通点が多ければ、それだけ安心感が得られ、受け入れる素地ができるからだ。

この共通点探しは、営業だけのテクニックではない。営業以外の仕事でも、またビジネス以外の場面でも十分活用できる。近隣コミュニティで活動したり、ボランティアをしたりする際も、ネットワーク作りに大いに役立つこと請け合いだ。

Essence 12

プレゼンは聞き取りに力を入れる

一方的にイメージを伝えていないか？

コミュニケーションを図るうえで、他人の意見を聞くことの重要性は、誰もが頭では認識しているだろう。

しかし、果たしてどれだけの人が、それを理解してビジネス現場で発揮しているのか疑わしいものだ。その端的な例を示すのがプレゼン（プレゼンテーション）である。

プレゼンを「自分の頭のなかにあるイメージを伝えること」と勘違いしている若手ビジネスマンが多いが、それでは単なる「説明（イクスプラネーション）」である。相手の要望を把握せずに自分の意見を声高に唱えても、相手の心を動かすことはできない。

本来、プレゼンとは、相手の頭のなかに自分が形作りたいイメージを抱かせることである。そのためにも、事前に入念な聞き取りをしているか否かがポイントになる。

たとえば、Fという商品のプレゼンを考えてみよう。まずは相手から現状や希望などを聞き取り、相手が好ましいと感じるイメージを把握する。

それが「愛用している商品（a）」「環境にやさしいという特徴がある他社の新商品（b）」「以前からほしかった赤ちゃんにも使えるマイルドな効果（c）」であったら、このa、b、cだけでFを語ることが重要なのだ（左図参照）。相手の頭のなかにない要素は持ち込まないことである。

a、b、cは、そもそも相手の頭のなかにあった要素なので、この3つで説明すれば「求めているものと違う」とは否定できない。相手は、Fという商品は自分が考えていたものとピッタリだと思うのだ。

これが成功するプレゼンである。だからこそ、相手の頭のなかにあるイメージ群をすべて把握するために、聞き取る能力が重要になるのである。

プレゼンの極意を知っているか？

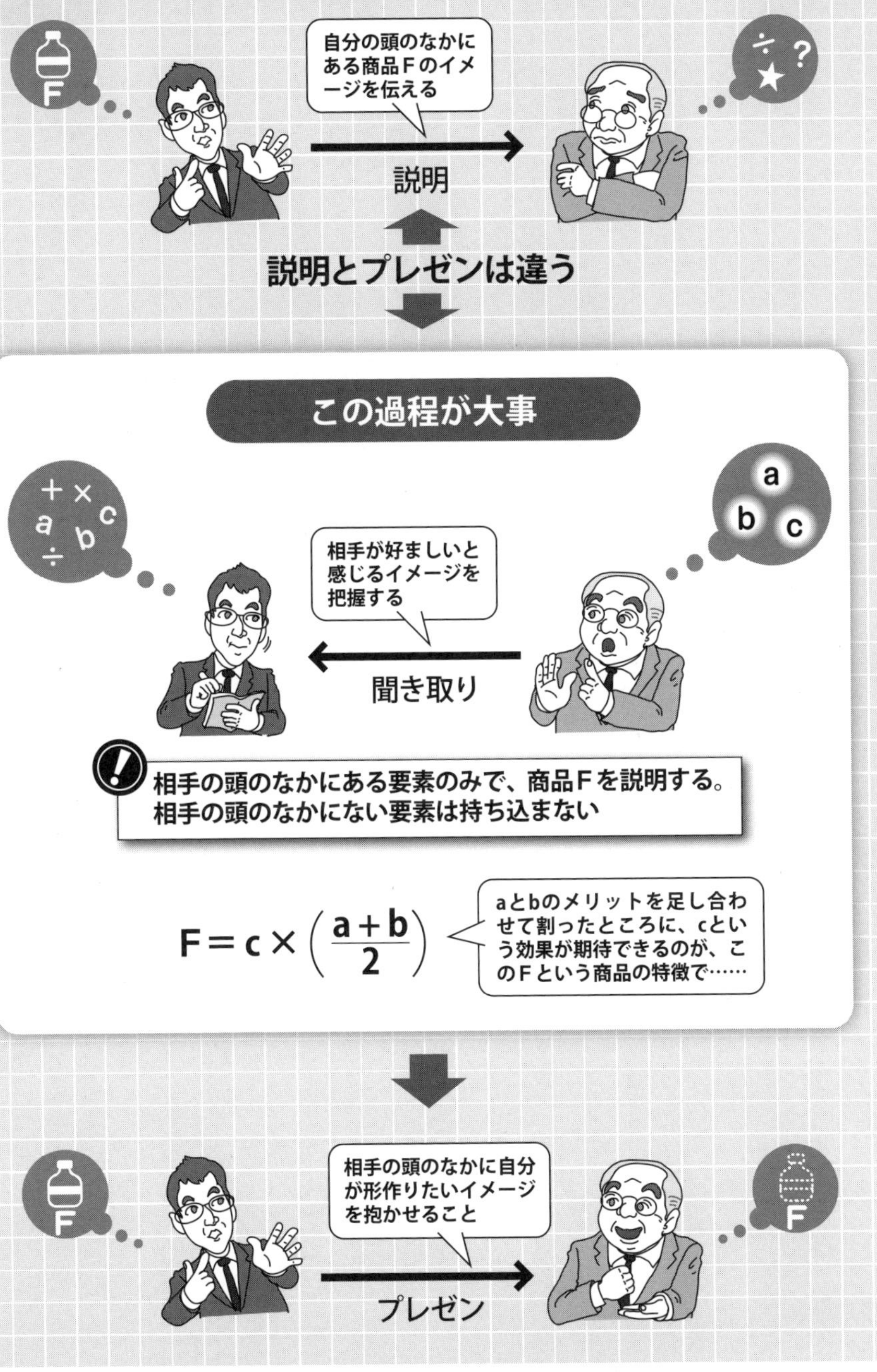

自分の頭のなかにある商品Ｆのイメージを伝える
説明
説明とプレゼンは違う
この過程が大事
相手が好ましいと感じるイメージを把握する
聞き取り
相手の頭のなかにある要素のみで、商品Ｆを説明する。
相手の頭のなかにない要素は持ち込まない
$F = c \times \left(\frac{a+b}{2}\right)$
aとbのメリットを足し合わせて割ったところに、cという効果が期待できるのが、このＦという商品の特徴で……
相手の頭のなかに自分が形作りたいイメージを抱かせること
プレゼン

Essence 13

ひとりで勝負する時代ではなくなった

ブレストで頭脳を拡張する

ネットワーク構築の重要性は90ページでも述べた通りだが、もうひとつ、「頭脳を拡張する」という役割について触れておきたい。

「三人寄れば文殊の知恵」のことわざ通り、ひとりで考えるより、3人が集まって意見を出し合ったほうが、格段にいいアイデアが出るものだ。いわば「生ツイッター（実際に生でつぶやき合うこと）」である。

ぜひ、つながっている仲間とブレスト（ブレインストーミング）をしてほしい。これこそ頭脳を拡張し、頭をやわらかくするトレーニングになるはずだ。その仲間は職場の同僚でもいいし、実際に顔を合わせずとも、インターネットを通じてのやりとりでもかまわない。

テーマも、たとえば「新しいタイヤのアイデア」など、絞りすぎず思いついたものでいい。

ブレストの際の注意点は次の2つ。

ひとつ目は、これはよくいわれていることだが、ほかの人の意見を決してつぶさないこと。きちんと話を聞こうとせず、頭から否定するようでは、そこで終わってしまう。賛同できないアイデアでも、盛り上げる方向で話を進めるべきだ。

もうひとつは、アイデアを出す1回目、2回目くらいまでは、常識的な案を出さないこと。

早々に「すりへらないタイヤ」と、至極真っ当な案が出てしまうと、ほかの人もその案に引っ張られて、まともな意見を言わざるをえなくなる。これでは、すばらしいアイデアは出ないだろう。

最初のころは「食べられるタイヤ」のように非現実的で、ばかばかしい案のほうがいい。こうすれば、ほかの人が意見を出しやすく、次々に話を展開させる好循環が生まれる。

あなたの頭は凝り固まっていないか？

頭をやわらかくする方法

↓

ブレインストーミング

意見を発展させ、頭脳同士がつながることで、ネットワーク脳に進化する

ルール1

他人の意見をつぶさない

賛同できない案であっても、すぐに否定しない。否定からはおもしろいアイデアは生まれない。まずは話が盛り上がる方向で進行する

ルール2

常識的なアイデアを出さない

まともな案からはすばらしいアイデアは生まれない。非現実的でばかばかしい案からはじめる

必要に応じて修正を重ねる修正主義が、ここでも重要である。

個人戦から団体戦の時代へ

ブレストを通して、それぞれの意見を発展させ合うことは、頭脳同士のつながりである。

これをイメージで表現すれば、信号回路のようなものが双方に生まれ、電気的に共振している状態とでもいえるだろうか。あなたの脳はネットワークされ、より拡張された「ネットワーク脳」に進化するのだ。

こういう経験を一度すると、回路はその後も途切れることなく、以降もつながったままになる。つまり、知恵やアイデアを借りたくなったら、すぐに意見のやりとりができるわけだ。

これは、ひとりの頭脳ではなく、何人もの頭脳で、つねに勝負ができるようになることを示している。いわば団体の総合力を得たことになる。もはや、一人一人で勝負する時代ではなくなりつつある。

Essence 14

付加価値をつける思考訓練

脳をつねに刺激する習慣を作るには

頭をやわらかくし、発想をふくらませアイデアを出す練習は、なにも会議室でのブレストだけではない。移動中、食事中でも、思考訓練としてひとりでも実践する習慣をつけるといいだろう。

たとえば電車の車内において、目の前に立っているビジネスマンのシャツのボタンに注目し、「どうしたら付加価値をつけられるか」を考えてみる。

また昼食をとりながら水のグラスにつけられる付加価値を検討してみる。

このように付加価値のつけ方をつねに考えることは、実社会に応用していく格好のトレーニングとなる。

ここで、人間の脳をこんなイメージで捉えてみてほしい。水が張られている容器のなかで、さまざまなもの（知識や経験）が浮いていたり、沈みかけていたりしている。まったく刺激を受けないままでは、知識も経験も沈殿していき、やがてそこにあることさえ忘れられてしまう。

かきまぜたり、投網を投げたりすることで、沈みかけていたものが、再び浮かび上がってくるというイメージだ。

このかきまぜたり、投網を投げたりする行為こそが、付加価値を考え、実社会に応用できるアイデアを考えることにほかならない。

ブレストと同じく、最初はできるだけ大胆で奇抜なアイデアを出すことを心がけてみよう。そのほうが、より容器のなかの水が攪拌され、脳に刺激を与えられる。

世の中のヒット商品の多くは、そんなふうに何百人、何千人が付加価値を考え、修正し改善しながら生まれてきたものなのである。

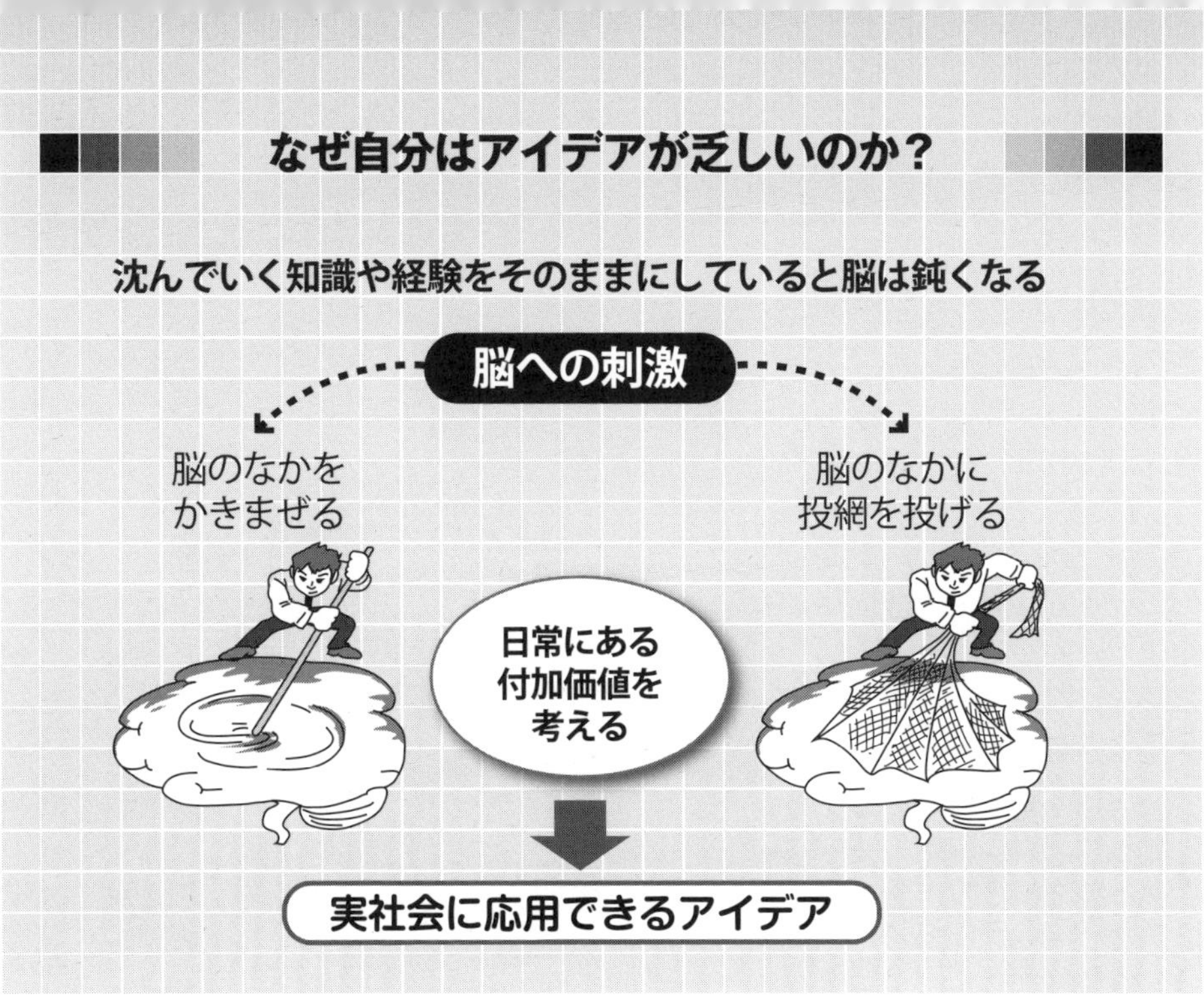

なぜ自分はアイデアが乏しいのか？
沈んでいく知識や経験をそのままにしていると脳は鈍くなる
脳への刺激
脳のなかをかきまぜる
脳のなかに投網を投げる
日常にある付加価値を考える
実社会に応用できるアイデア

COLUMN

「改良」か「代替」で付加価値を見つける

これは私が講演や研修を行なう際、よく用いる例だが、「ゴム」という素材で付加価値の意味を説明している。せっかくなので、ここでも簡単に紹介しておこう。ぜひロールプレイしてほしい。

あなたは、ゴムという素材で新しい市場を開拓したい社長になったとしよう。

もちろん「発見」や「発明」ができればいいが、正直これは難易度が高い。そこで、「改良」と「代替」でゴムに付加価値をつけることを考えてみよう。

改良とは、すでにゴムが使われている場所で、もっとほかに工夫ができないか。「代替」とは、いままでゴムが使われていなかった場所に、ゴムという素材を導入できないか。

周りを見渡して、ゴムの付加価値を探してほしい。左から右へ情報を動かしているだけでは、顧客は満足しない。動かす間にアイデアを組み入れた（つまり情報編集した）価値が求められている。

さて、あなたはどんな付加価値をつけるだろうか。

Chapter 4

脳科学から見た効率学習メソッド

大人のための「記憶勉強法」

池谷裕二

年のせいで記憶力が落ちた——。でも、これは言い訳にすぎない。脳の仕組みと記憶のメカニズムを紹介しながら、現在の脳科学の知見レベルの範囲内で、効率的な記憶法のヒントを考える。

Yuji Ikegaya

1970年静岡県生まれ。薬学博士。東京大学大学院薬学系研究科准教授、東京大学大学院総合文化研究科連携准教授。98年、東京大学大学院薬学系研究科で海馬の研究により博士号を取得。2002年から約2年半のコロンビア大学客員研究員を経て現職。

Essence 1

脳科学から見た記憶の仕組み

コンピュータと脳はどう記憶するのか?

本章では、勉強の仕方、とくに記憶法を中心に紹介する。気鋭の脳科学者・池谷裕二氏を迎え、「どうすれば効率的に覚えられるのか」、また「脳の仕組みに適った科学的な方法があるのか」など、私たちがもっとも知りたい点に絞って、ぶつけてみた。

本章を進めていくにあたり、まずは現在の脳科学の立ち位置を確認しておきたい。

池谷氏は、「現在の脳科学の知見レベルを考えれば、確実な勉強法を示すことなどできない」と前置きしながらも、「科学的根拠がはっきりするまで、何年もその恩恵を待たなければならないのは、一般の人にとって大きなチャンスを逃すことにもなる」と述べている。

ならば、いまわかっている範囲内で、効率的な勉強のヒントとなる手立てを考えてみてはどうか、というのが本章の意図である。

つまり、紹介する方法は、真理に基づいた100パーセントの方法というより、あくまで記憶研究の脳科学者が、「自分ならこういうやり方をとるだろう」という提案である。

短期記憶を経て長期記憶へ

いまやビジネスマンは、就職すれば安泰ではなく、つねにスキルアップが求められる。専門書を読んで情報を仕入れたり、資格の勉強をしたりと余念がない。

ところが、「年のせいで覚えが悪くなった」と嘆くビジネスマンが多いようだ。

「コンピュータのように、いったん保存した情報を自由に引き出せれば……」

これは誰もが願うことだが、じつは、コンピュー

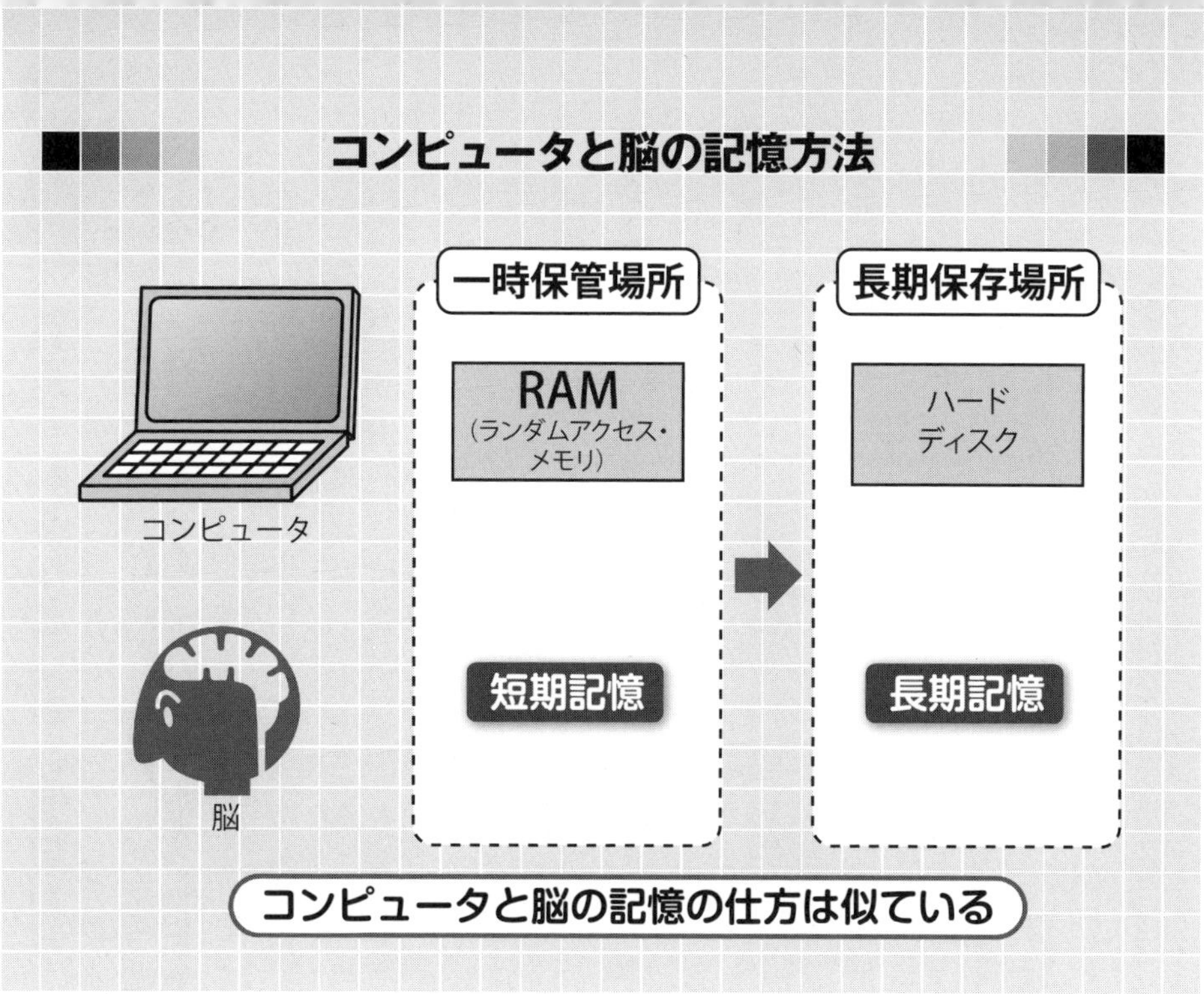
コンピュータと脳の記憶方法
一時保管場所
長期保存場所
RAM
（ランダムアクセス・メモリ）
ハードディスク
コンピュータ
短期記憶
長期記憶
脳
コンピュータと脳の記憶の仕方は似ている

タの記憶と脳の記憶の仕方は、似ていることをご存じだろうか。

コンピュータのハードディスクとＲＡＭは、脳でいう「長期記憶」と「短期記憶」に対応している。

コンピュータの場合、ハードディスクには膨大なデータを長期保存できるが、引き出すにはいったんＲＡＭに呼び出す必要がある。ＲＡＭは情報を一時的に保管する場所であり、何か新しいデータを取り入れる際も、ＲＡＭを経由してハードディスクに保存する。

脳においても、長期記憶に情報を保存するには、いったん短期記憶を経由する必要がある。短期記憶は文字通りすぐ消えてしまい、容量が小さいので一度に多くをたくわえることはできない。

つまり、短期記憶から長期記憶へ、学んだ情報をいかにスムースに送れるかが、記憶のミソなのだ。

では次項から、脳の仕組みを交えながら、その方法について述べていこう。

Essence 2

覚えられるかどうかは海馬しだい
命にかかわる情報以外は消去される!?

勉強した内容を長期記憶に送り、いわゆる「身についた状態」にするにはどうしたらよいのか。

まずは、入った情報を脳がどのように処理するか、池谷氏にその仕組みを簡単にまとめてもらった。

長期記憶は大脳皮質《だいのうひしつ》でたくわえられるが、仕入れた情報が、すべて迎え入れられるわけではない。いや実際には、ほとんどが短期記憶にとどまり、そこで消去されてしまうという。

この「消去するか否か」の審査は、大脳皮質のすぐ裏に左右ひとつずつある海馬《かいば》と呼ばれる部分が行なう。バナナのような形をしたほんの小さな部位だが、ここで本当に必要な情報だけを大脳皮質にまわすのである。

ここでの審査は厳しく、入ってきた情報を一度きりでパスさせることなどほとんどない。

ただし、一度拒否した情報であっても、即消去されるのではなく、最短で1か月の期間をかけ、繰り返し審査が行なわれる。

海馬は記憶の司令塔

海馬で厳しい審査が行なわれるのは、記憶できる容量には限りがあり、さほど重要でない情報までを保管しないためである。

また、こうして情報を厳選することでエネルギーの浪費を防いでいるとも考えられる。なにせ脳は、いまでも人間が消費する総エネルギーの20パーセントも使っている。すべてを長期記憶にまわしていたら、膨大なエネルギーが必要になるだろう。

このように、脳がパンクしたり、エネルギーを浪費したりしないように、海馬で入ってくる情報をコ

記憶するとき、脳で何が起きているのか？

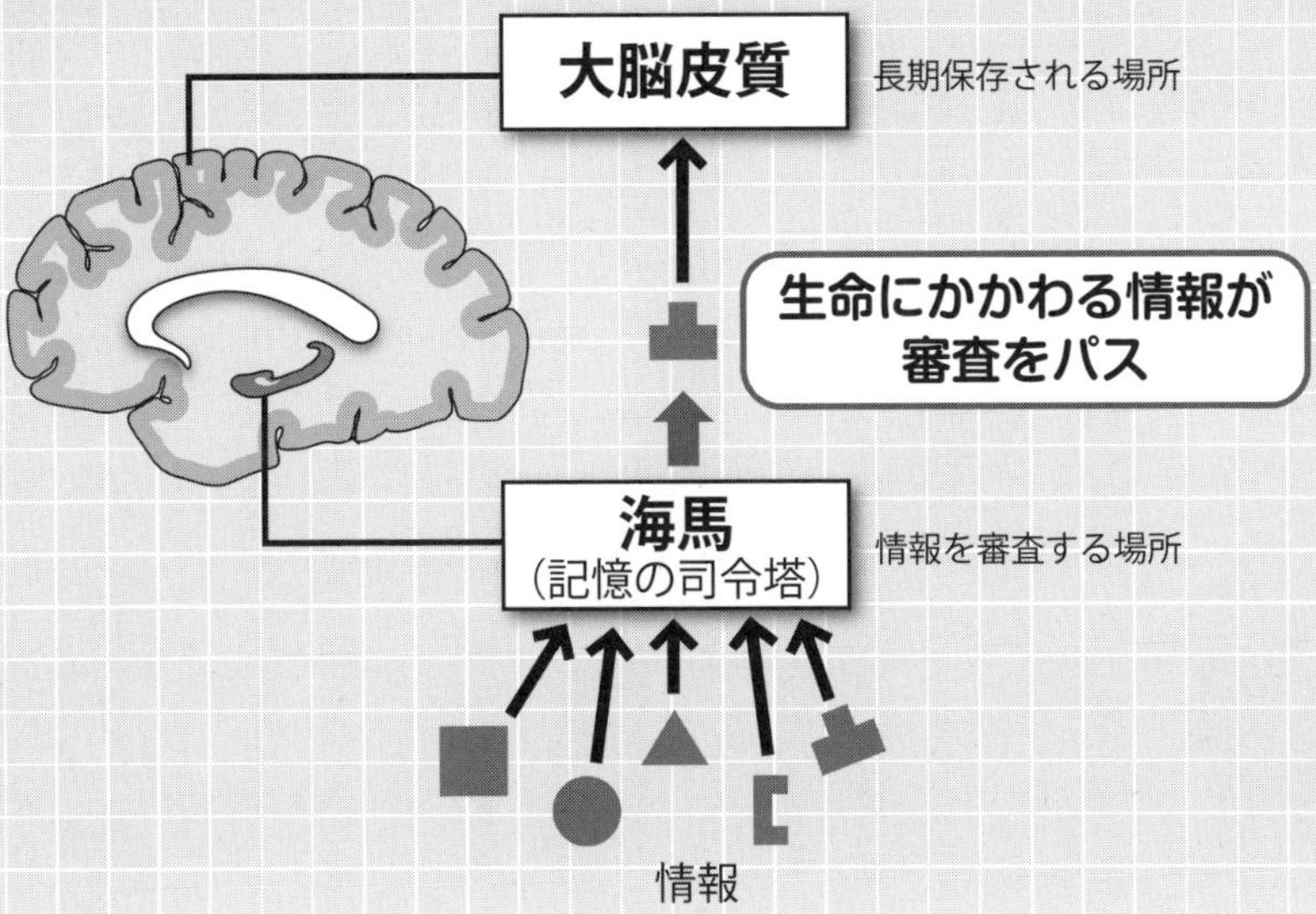

大脳皮質
長期保存される場所
生命にかかわる情報が
審査をパス
海馬
（記憶の司令塔）
情報を審査する場所
情報

ントロールしているというわけだ。池谷氏が、海馬を「記憶の司令塔」とたとえる所以である。

では、審査をパスするような情報とは、いったいどんな情報なのか。

それは意外にも「生存に不可欠か否か」で決まってしまう。

たとえば、資格試験の内容や仕事で必要な外国語などは、海馬にとって重要度が低い。たとえその習得に、あなたの昇進（将来？）がかかっていようとも、海馬にとってはおかまいなし。生き延びるために必要な情報ではない。

いっぽう、ある食べ物で食中毒になる経験をすれば、再び同じ危険な目にあわないように、その食べ物の情報は、審査をパスして長期記憶にまわされることになる。

つまり、ヒトも生き物であり、なにより重要なのは命にかかわる情報なのである。

Essence 3

海馬にアピールして記憶力をアップ！

2か月4回の復習プラン

これまでなかなか覚えられなかった理由が、海馬の厳しい審査にあることを知って、納得できたにちがいない。

もしもすべての情報を取捨選択することなくどんどん記憶してしまえたら……。

「うらやましい！　そうなりたい」と思うかもしれないが、池谷氏は「それはとても不都合なこと」と指摘する。

考えてもみてほしい。もし一度覚えたことをコンピュータのごとく半永久的に忘れられないとしたら、その先、上手に生きていけるだろうか。苦労なく忘れられるからこそ、人は健やかに生きていけるのだ。

とはいえ、ビジネスマンなら資格試験や昇進のプレゼンで覚えなければならない状況があるのも事実。では、どうすればいいのか。

とにかく覚えたい情報を繰り返し海馬に送り続けるしかない。そして海馬が「こんなに何度も送られてくるのは、生きていくために必要なことなのだろう」と、勘違いするように仕向けることだ。

言い換えれば、何度も復習し、海馬に「大事な情報だから、どうぞ審査をパスさせてください」とアピールするのである。

忘れたようでも痕跡は残っている

海馬にアピールする効率的な方法として池谷氏がおすすめするのが、約2か月かけて行なう復習プランだ。

初めて学んでから、①翌日、②1週間後、③②の2週間後、④③の1か月後の計4回、徐々に間隔をあけて復習する。

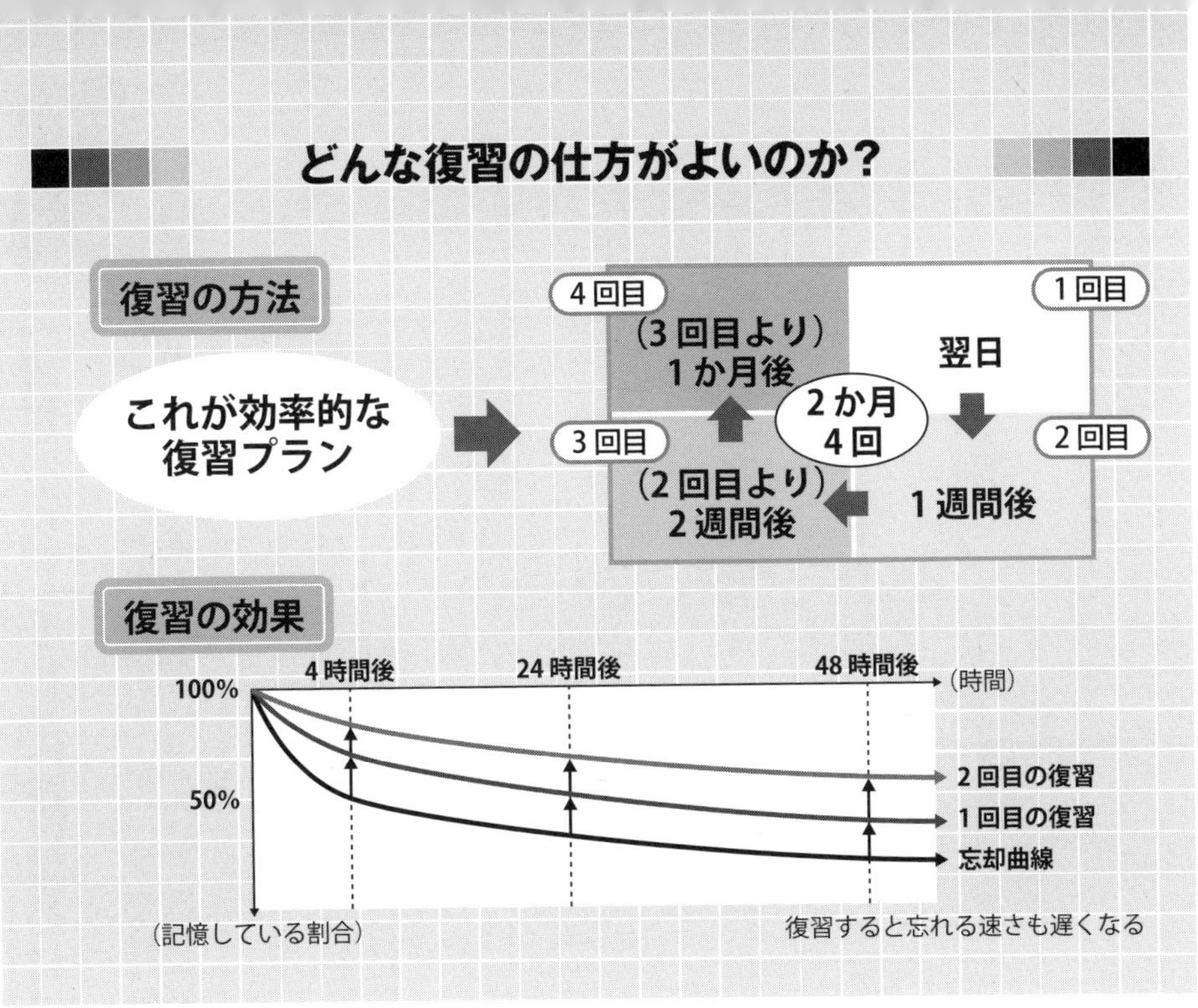
どんな復習の仕方がよいのか？
復習の方法
これが効率的な
復習プラン
1回目
翌日
2回目
1週間後
3回目
（2回目より）
2週間後
4回目
（3回目より）
1か月後
2か月
4回
復習の効果
4時間後
24時間後
48時間後
（時間）
100%
50%
2回目の復習
1回目の復習
忘却曲線
（記憶している割合）
復習すると忘れる速さも遅くなる

前述した通り、海馬は短い場合でも1か月をかけ情報の審査を行なう。その間、情報は完全には消去されず、海馬にとどまっている、いわば潜在的な保存期間。消えてしまったように思えてもそれは完全ではなく、記憶の痕跡が残っている状態だ。

これは、たとえば英単語を10個繰り返して覚えてみると実感できる。

普通、初回の学習では、時間とともに急速に忘れてしまうだろう（上図の忘却曲線）。

しかし、時間が経ってすべて思い出せなくなったときに、再度学習すると、初回のときよりは多く覚えていられるはずだ。これは、海馬にとどまっている潜在的な記憶が助けとなって、覚えやすくなったためである。

さらに時間が経って二度目で覚えた英単語をすべて思い出せなくなったあと、また学習するとどうだろうか。今度は二度目よりももう少し覚えているはずである。

繰り返しの学習によって、忘れる速さが遅くなるのである。

Essence 4

シータ波で復習の回数が10分の1に！

「記憶の素」LTPとは何か？

結局は地道に復習するしかないことで、ため息をついている人もいるだろう。

たしかに復習をせずして何かを得ようとするのは無理である。しかし近年の研究から、勉強の仕方で復習の回数（いわば労力）が減らせることがわかってきている。

池谷氏によれば、海馬の神経細胞の性質にそのヒントがあるという。

ポイントは、脳の「記憶の素」といわれるLTP（Long-Term Potentiation=長期増強）だ。これは、海馬の神経細胞が、繰り返し刺激を受けると、細胞同士の結びつきを強め活性化する現象である。

ある実験から、脳からLTPを奪われた動物は記憶できなくなるのに対し、LTPがよく起こるように仕組んだ動物は、記憶力が高まることがわかっている。

つまりLTPによって記憶が作られている。

このLTPが起こりやすいのは、海馬の神経細胞を繰り返し刺激しているときである。一度の刺激ではLTPは起こらない。

言い換えれば、刺激の回数を極力減らし（つまり、復習の回数を減らし）LTPを起こすことができれば、効率よく記憶できるというわけだ。

好奇心を持てば学習効果がアップ

復習の回数を減らす方法のひとつは、シータ波と呼ばれる脳波が出ている状態で、刺激を与えることである。

シータ波の特徴は、興味を持っているときに出る脳波だということだ。

たとえば、旅行で初めて訪れた土地にワクワクし

復習する回数をいかに減らすか？

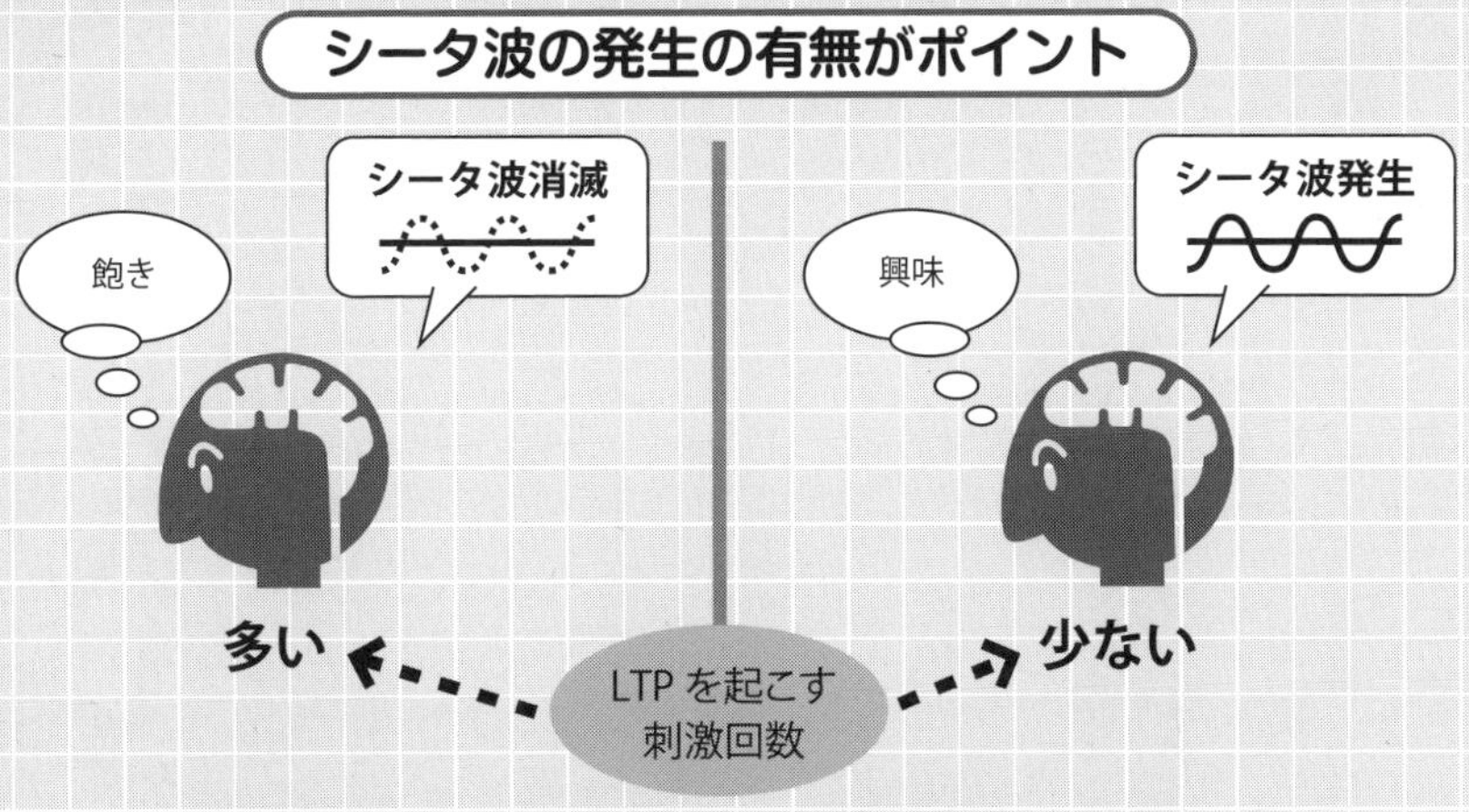
シータ波の発生の有無がポイント
シータ波消滅
飽き
多い
シータ波発生
興味
少ない
LTPを起こす
刺激回数

興味を持っている内容は、刺激回数（復習）が少なくても覚えられる

たり、この先に何があるのかとドキドキしたりすると、シータ波があらわれる。シータ波と好奇心はとても深い関係にある。

このシータ波が出ている状態で海馬に刺激を与えると、10分の1程度まで復習回数を減らしても、LTPが起こせることがわかってきたのである。

つまり、興味を持っている事柄は、復習回数が少なくても覚えられるということ。

たしかにスポーツ選手の名前や車の種類など、自分の趣味の領域については覚えやすいことを私たちは経験的に知っている。

勉強にこの方法を用いれば、最小の労力、つまり復習を何度も繰り返さなくても知識を吸収しやすくなる。

必要に迫られて試験勉強するにしても、仕事と結びつけて理論と実務の相違に着目するなど、好奇心を持てるような勉強を意識することである。

Essence 5

扁桃体を使った記憶力アップ法

感情移入して学ぶと自然に覚える

復習の回数を減らす方法には、もうひとつあるので紹介しておこう。それは扁桃体《へんとうたい》を活動させるというもの。

扁桃体とは海馬のすぐ隣に位置し、小指の爪くらいの小ささだが、喜びや悲しみ、不安などを生み出す重要な役割を果たしている。

思い出してほしい。

受験勉強で何度も使った数学の公式は忘れても、志望校の合格発表を見に行った記憶は、はっきりしているのではないだろうか。

入社後の新人研修の講義は思い出せなくても、その後の懇親会での楽しい出来事のほうをよく覚えているという人もいるかもしれない。

喜怒哀楽の思い出は、机上で勉強したことよりも、ずっと強く脳に刻まれている。

これについて池谷氏は、「なにかしらの感情が伴っている場合、扁桃体の活動で、先のＬＴＰが起きやすくなると考えられる」と説明する。

記憶増強はサバイバルのため

扁桃体の活動と記憶が結びつくのも、前述の海馬と同じように、生命にかかわっていることを考えれば納得できるだろう。

人類が文明を築くよりはるか昔、過酷な環境のなかで生存競争をしていた動物の脳に作られた仕組みである。

敵に襲われた恐怖の状況、のどを潤す喜びに浸った池など、生き延びるためには、生命にかかわる事柄を効率よく、つまりなるたけ少ない回数で記憶しなければならない。だから脳は、感情がからんだ経験をしっかりと覚えるような仕組みになっていると

■■■■ 脳にアピールする勉強法 ■■■■

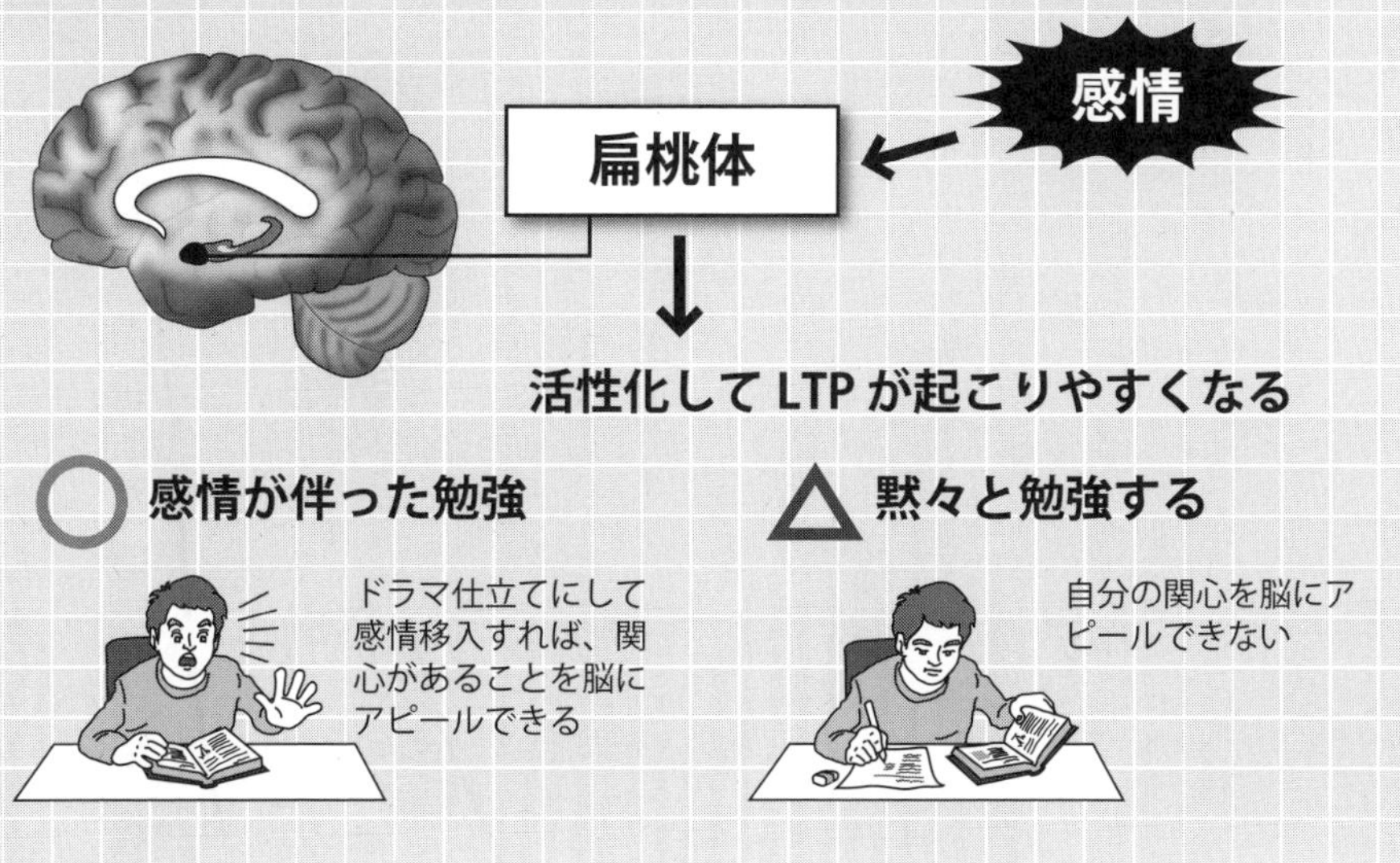
感情
扁桃体
活性化してLTPが起こりやすくなる
○ 感情が伴った勉強
ドラマ仕立てにして感情移入すれば、関心があることを脳にアピールできる
△ 黙々と勉強する
自分の関心を脳にアピールできない

いうわけだ。

進化の過程で培われたこの感情による記憶の補強は、強力に働く。

つまり、感情を交えた勉強のほうが記憶に残りやすいということになる。

たとえば、仕事関係から法務を学ぶときも、ただ字面を追って難しい用語をじっくり覚えようとするよりも、ドラマ仕立てにして感情移入させたほうがいい。

世界の経済情勢を頭に入れるのに、データや順位などの数字の羅列を覚えるよりも、各国の首脳の表情を思い浮かべて、一喜一憂しながら覚えるというのはどうだろうか。

いかに演出し、「自分はこのことに関心を持っていますよ」と脳に知らしめるのかがポイントなのである。

また扁桃体が活動すると、大脳皮質の一部である前頭葉に信号が送られて、集中力も高まる。これらがセットになれば、それは強力な記憶の方法といえるだろう。

Essence 6

ライオンになったつもりで考える

空腹、歩行、気温がキーワード

これまで簡単に脳の仕組みとそれに適った記憶力アップのコツについて紹介してきたが、これから述べる「ライオン法」を知っておくと、いつどのように勉強すればより効率的なのかがわかる。

「ライオン法?」と首をひねる人もいるだろうが、このネーミングは池谷氏によるもの。ライオンが生きていくために、どんなときに記憶が必要になるのかを考えれば、効率的な記憶法のヒントが見えてくるという。

そこで、ライオンの行動を例に、ここでは次の3つのキーワードでまとめてもらった。それは、空腹、歩行、気温である。

では第1のキーワード、空腹から見ていこう。ライオンは空腹になると狩りに出るが、この空腹はまさに死活問題である。当然、この状況を避けるために、いつどこで獲物を捕らえたかをしっかり記憶するはずだ。

いっぽう、獲物を捕らえ満腹ともなればひと安心である。だからこのときの脳の活動は低下すると考えられる。

これをヒトに当てはめれば、ある程度お腹がすいている状態のほうが、記憶するにはよいということになる。つまり、1日の生活に当てはめてみれば、勉強するなら夕食後よりは夕食前、あるいは早起きして朝食前にするほうが、効果的というわけだ。

ながら勉強もばかにできない!?

2つ目は歩行である。ふだんじっとしているライオンでも、狩りともなれば走ったり歩き回ったりしなくてはならない。

じつは歩くことで、海馬からシータ波が出ること

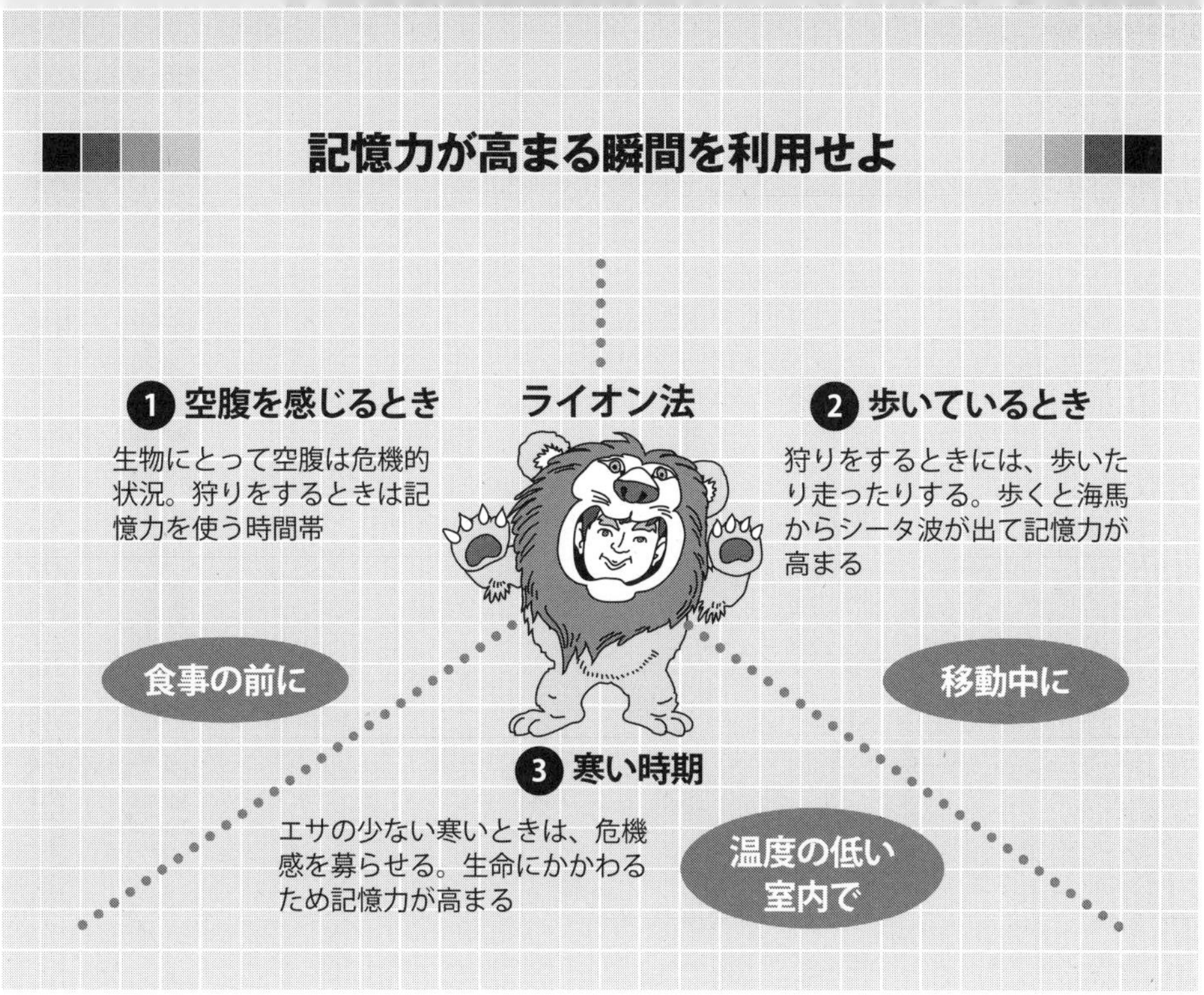
記憶力が高まる瞬間を利用せよ
ライオン法
1 空腹を感じるとき
生物にとって空腹は危機的状況。狩りをするときは記憶力を使う時間帯
食事の前に
2 歩いているとき
狩りをするときには、歩いたり走ったりする。歩くと海馬からシータ波が出て記憶力が高まる
移動中に
3 寒い時期
エサの少ない寒いときは、危機感を募らせる。生命にかかわるため記憶力が高まる
温度の低い室内で

が確かめられている。108ページでも述べたように、その結果、記憶力が高まると考えられるのである。

つまり、英単語や専門用語など何かを暗記したければ、歩きながら覚えるのがいいというわけだ。

さらに、動物実験のデータであると断りをしながらも、乗り物に揺られていることを脳が感知していれば、シータ波が出ることがわかっている。

この結果は、移動の多いビジネスマンにとっては心強いかもしれない。毎日の通勤電車こそ、勉強するチャンスということである。

そして最後のキーワード、気温について。寒い冬は、獲物がとれないので、動物たちは危機感を募らせる。本能的に動物たちは、冬は獲物にありつけないことを知っているのだろう。

したがって、勉強をする部屋の温度は、低めのほうが学習効率は高まると考えられる。「寒いから」「風邪をひくから」と室内の温度を上げすぎるのは、脳にはおすすめできない。

Essence 7

自分のレベルの見極めが肝心

スモール・ステップ法で効率アップ

誰もが、一足飛びにゴールに到達するような魔法を期待しがちだが、池谷氏は「新しいことを学ぶ際は、少しずつステップアップする（スモール・ステップ法）ことを心がけたほうがいい」とアドバイスする。

ここで動物を使ったある実験を例に、その理由を解説してもらった。実験は、ネズミやイヌなどさまざまな動物でも証明されているが、ここではサルの例を紹介しよう。

画面に図形を点灯させ、そのタイミングでボタンを押せばエサが得られることを学習させる実験である。

最初サルは、ボタンを押すうちにご馳走にありつけると偶然気づく。しかしボタンを押してもエサが出ないときがあり（つまり画面に図形を点灯していないとき）、この失敗を繰り返し、やがて図形の点灯とご馳走の関係に気づくというものだ。

「図形の点灯とボタン」「ボタンとご馳走」という2つの因果関係を同時に理解する必要があり、サルにとっては難しい課題である。

そこで手順を分解し、①ボタンを押せばエサが出る、②図形が出たときだけボタンを押すとエサが出る、というようにひとつずつ学習させたのだ。

すると、2つの関係を同時に覚えさせる場合に比べ、失敗数が10分の1程度にまで減少、学習効率が10倍アップしたのである。

なんにせよ手順は分けると覚えやすい

この実験結果は、欲張って一度に習得しようとするより、手順を分けて勉強したほうが、格段に早く習得できることを示唆している。

難しいレベルからはじめていないか？
段階を踏んで
学習する
成果
一気にゴール
を目指す
ステップ
ジャンプ
基礎から少しずつ応用へ
ステップアップしたほう
が、結果的には学習効果
が高い
スモール・ステップ法
自分のレベルを客観的に把握することが重要

経験を積んだ大人はプライドもあってか、ともすると最初から高度なことにチャレンジしがちだが、基礎から少しずつ難易度を上げるほうが、結果、学習効率がいいというわけだ。

その際、ステップは飛躍がないように、できるだけ細かく分けるのがコツだそうだ。

たとえば、仕事に役立ちそうなファイナンスの勉強をはじめるとき、「仕事ですぐ使える最新のテーマをとにかく身につけたい」とばかり、難解な専門書からはじめていないだろうか。

理解しているつもりでも、その理解は甚だあやしい。頭に残らず、結局、基礎から学び直すことになるのがオチだろう。

会計の基本用語もさっと説明できないあやふやなレベルなら、まずは基礎から。やはり入門書からはじめたほうがいい。

それには、まずは自分のレベルを冷静に客観的に評価することが先決である。

Essence 8

勉強が進まないのは〝木〟ばかり見ているから

まずは全容を大まかに把握する

脳の仕組みに合わせて効率よく勉強するには、まず対象を大局的につかんでおくことも重要である。

ビジネスマンのなかには、勉強を続けているものの、細部ばかりが気になって、なかなか前に進まないという人はいないだろうか。いわば、木ばかりを見て、森を見ていない状態である。

池谷氏も「まずは大まかにでも全体を把握したほうがいい」と、その有用性を美術絵画にたとえて説く。

西洋絵画にまったく興味のない人には、どの絵画も同じように見えてしまうだろう。ルネサンス、ロマン主義、印象派といわれてもその違いがどこにあるのかわからない。

しかし絵画に触れ続ければ目が慣れてきて、あるとき、その違いがわかるようになるものだ。

さらに経験を積めば、ピサロ、ルノワール、モネというように印象派のなかで画家の区別もつくようになる。

区別のつかない人から見れば、その才能に感心してしまうが、これは、なにもはじめから優れた脳を持っていたからではない。

判別できるようになったのは、大まかな範囲（美術史）から細かな範囲（画家）へと順に学習を積んだからこそである。

勉強もこれと同じことである。

前述のスモール・ステップ法で自分に合ったレベルから少しずつステップアップしていくのはいいが、細部を気にしすぎず、全容をざっくりとつかむことを意識することだ。

全体をつかみ、大きな違いを区別できるようになって初めて小さな差異が見えてくるのである。

細かい部分を気にしすぎていないか？

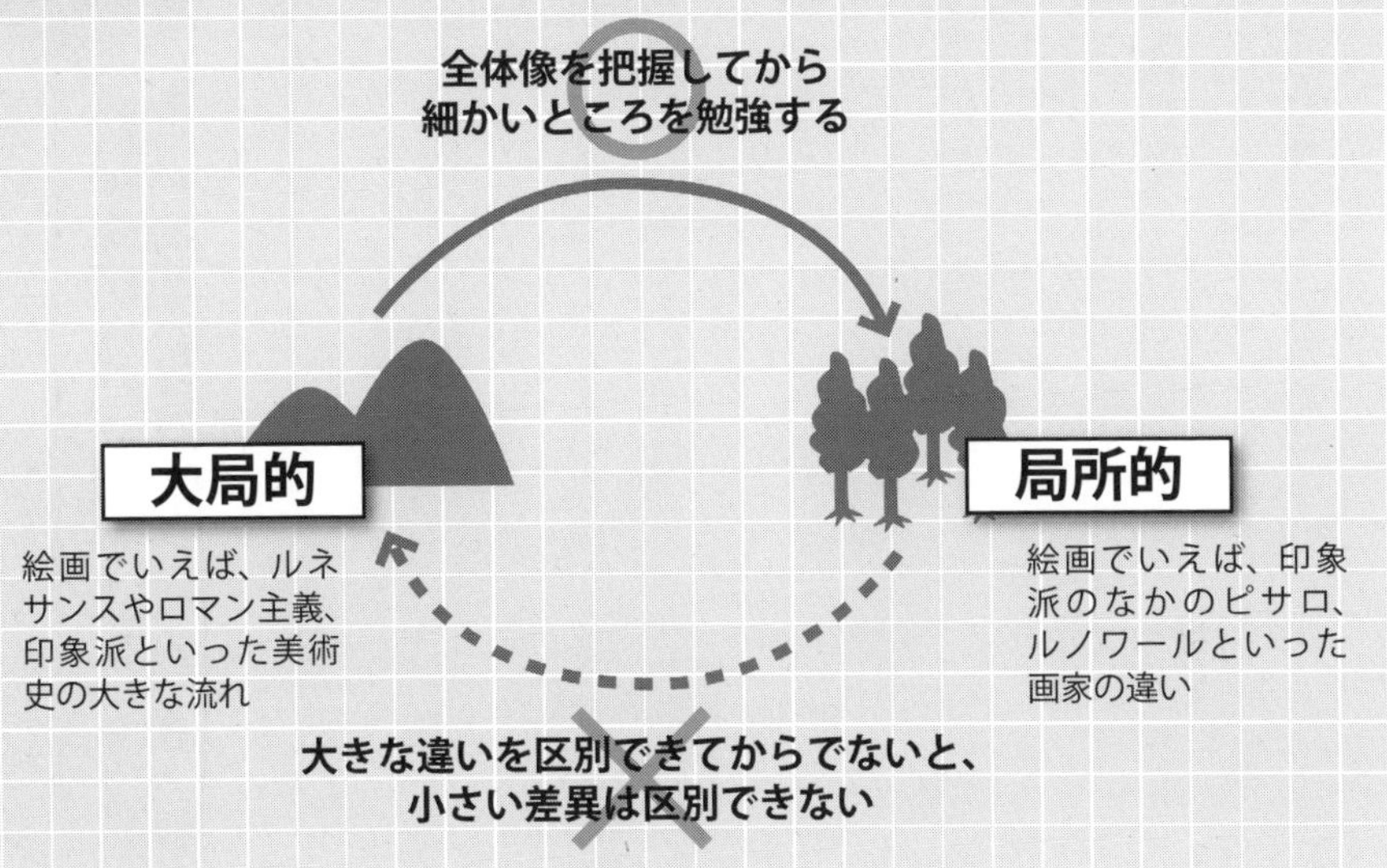
全体像を把握してから
細かいところを勉強する
大局的
絵画でいえば、ルネサンスやロマン主義、印象派といった美術史の大きな流れ
局所的
絵画でいえば、印象派のなかのピサロ、ルノワールといった画家の違い
大きな違いを区別できてからでないと、
小さい差異は区別できない

COLUMN

土日の過ごし方で頭が悪くなる!?

「今晩（金曜日）はパッといこうか！」とばかり繁華街にくり出し深酒をして、土日は、お昼近くまで寝ているというビジネスマンは多いのではないだろうか。

このような生活をしている人は、これから述べる事実に驚くにちがいない。

人の体にはリズムがあり、それぞれ決まった時間に細胞は活動する。1日ごとの生活リズムは「サーカディアンリズム」と呼ばれ、これは脳でコントロールされている。

ところが、このリズムが崩れると、脳の海馬の細胞が少しずつ死んで、記憶力の低下につながることがわかっている。

いわば、軽い「時差ボケ」である。

事実、「時差ボケ」は職業病ともいえる航空会社の国際線の乗務員について、彼らのスケジュールの改善が推進されているほどだ。

だから、土日をだらだら過ごさず、つねに同じ時間に寝て、同じ時間に起きるほうが、脳にはいいのである。——ビジネスマンには耳の痛い話だろう。

Essence 9

覚えたいことは自分の経験として記憶する

知識記憶から経験記憶へ

記憶には種類があり、それぞれに特性があることを知っておくと、これからの勉強の仕方のヒントになるだろう。

せっかく覚えた事柄をいざというときに思い出せず、役立てられなかった苦い経験があるはずだ。

その理由は、勉強して覚える知識や情報のような記憶（ここでは知識記憶とする）が、自由に引き出せない記憶だからである。物覚えが悪いのではなく、何かきっかけがないと、うまく思い出せない状態なのだ。

これに対して、自分の過去の経験がからんだ記憶（経験記憶）は、比較的思い出しやすい。

たとえば恋人との初デートや会社のイベント、大きな契約をとったときのことなどは、当時のあらましをすぐに思い出せるのではないだろうか。

語呂合わせを考える

そこで池谷氏がすすめるのが、知識記憶を経験記憶として覚える方法だ。

つまり、個人的な事柄や好きなものなどに関連づけて記憶していく。覚えたいことをほかの事柄と結びつける（連合）ことを意識的に行ない、思い出しやすくするのである。連合させればさせるほど、その効果は高い。

このことは、ひとつの知識を家にたとえると理解しやすい。

家と家の間を道路で次々につなぎ、道路網を作り上げ、知識の街を築くイメージである。ある知識を思い出したいときは、道路を進んでその家を訪ねて行けばいいのである。道路が発達していない家がぽつんとある状態（知識記憶）で、なかなかたどり着

記憶には種類がある

記憶の３層構造※

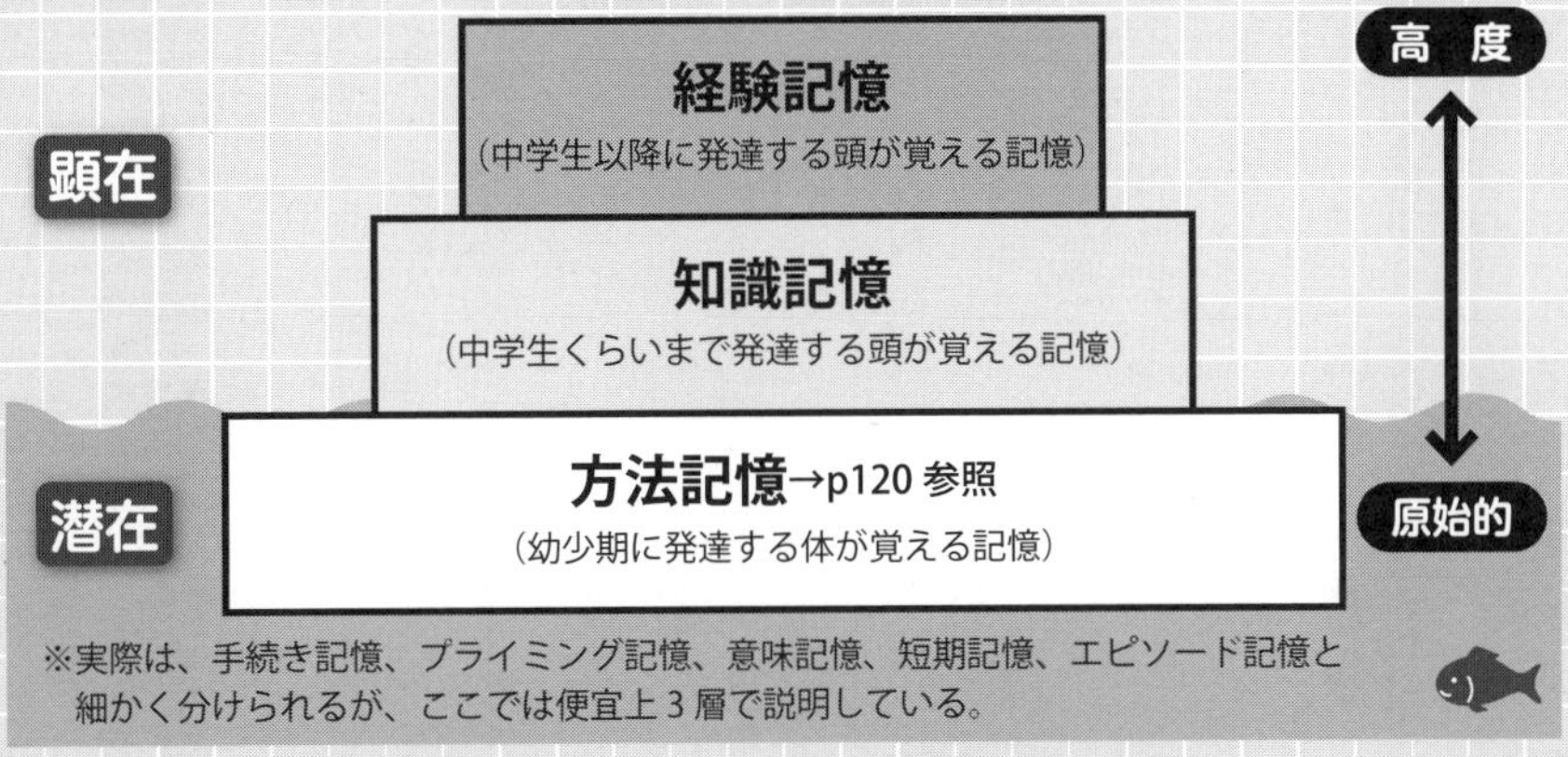
高度
経験記憶
（中学生以降に発達する頭が覚える記憶）
顕在
知識記憶
（中学生くらいまで発達する頭が覚える記憶）
方法記憶→p120 参照
（幼少期に発達する体が覚える記憶）
潜在
原始的
※実際は、手続き記憶、プライミング記憶、意味記憶、短期記憶、エピソード記憶と細かく分けられるが、ここでは便宜上３層で説明している。

成長段階によって記憶の種類が変わる

けないのとは対照的だ。

たとえば、用語や数字を覚えるなら、年号の暗記のように語呂合わせでイメージをふくらませてみる。「鳴くよ（７９４年）ウグイス平安京」の要領で、世界の金の産出国を順番に覚えるなら「南（南アフリカ）のお酢（オーストラリア）にお米（アメリカ）を入れて……」という具合である。

自分で考えることで、これが経験記憶にもなり、またイメージをふくらませると海馬が強く刺激され、記憶に残りやすくなる。

英単語を覚えるにしても、丸暗記ではなく例文や用法まで同時に頭に入れる。さらに好きなドラマの主人公が口にする状況をイメージすれば、より覚えやすくなる。

知識の街は道路を使わないとさびれていく。放っておくと経験記憶の中身が薄れてしまうので、人に説明するなど道路を使う機会を積極的に設けることである。

Essence 10

天才的能力を生む方法記憶

方法を覚えれば応用が利く

もうひとつ注目してほしい別の記憶として、「方法記憶」がある。魔法の記憶と形容されるほど、無意識に威力が発揮されるので、天才的能力と思われがちである。

ときおり「語学が得意で3か国語を操る」という人がいるが、彼らが生まれつき複数の言語を話せたわけではない。

この不思議と思える能力について、池谷氏は次のように説明してくれた。

脳はひとつの言語自体を記憶すると同時に、その理解の仕方までを記憶する。記憶したそのやり方を他言語にも応用できれば、より早く習得できるという。

また、研究者を悩ませ続けてきた課題に対し、研究者が「なぜか解法がパッとひらめいた」というコメントを耳にするときがあるが、根底には方法記憶があると考えられる。

常人には思いつかない発想も、地道に研究を続け、問題に向き合ってきたからこそ得られるものだ。なにも「無」から突然、「解法」が生まれたわけではないのである。

丸暗記からシフトする

こうして考えてみると、方法記憶に磨きをかける脳の使い方が、自分の能力を大きく伸ばしてくれる可能性がある。何かを丸暗記するより少ない記憶量ですむうえ、応用が利く。

学校の勉強は実社会で役立たないという声をよく聞くが、それは知識の部分（たとえば歴史の年号）であって、身につけたやり方（つまり知識の身につけ方）は、ビジネスの場面で助けとなるはずであ

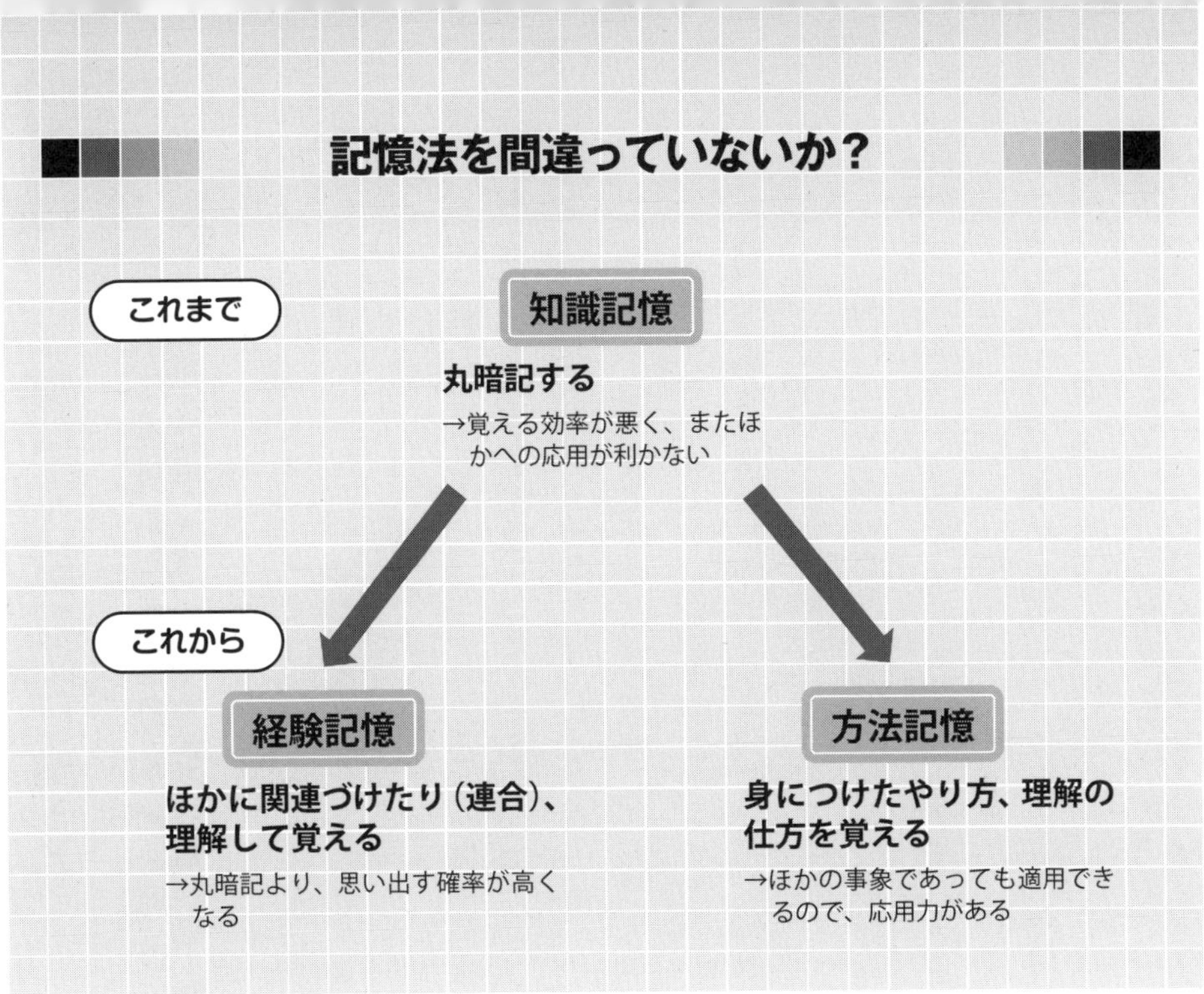
記憶法を間違っていないか？
これまで
知識記憶
丸暗記する
→覚える効率が悪く、またほかへの応用が利かない
これから
経験記憶
ほかに関連づけたり（連合）、理解して覚える
→丸暗記より、思い出す確率が高くなる
方法記憶
身につけたやり方、理解の仕方を覚える
→ほかの事象であっても適用できるので、応用力がある

る。その方法は、人それぞれなので、自分に合ったやり方を早く確立することだ。

　世の中の成り立ちについて理解を深めたいなら、起こっている現象だけを追うのではなく、その背景に何があったのかまで考えてみる。現象と背景の因果関係をセットにすれば、そのときどきの状況が異なっていても、より応用が利き、理解も深まるはずである。

「因果関係をセットにして理解する」という方法を身につけることがポイントである。

　また、あるビジネスでの成功術を勉強する際も、個別の成功事例をただ覚えるよりも、成功の背後に何があったかまでを理解する。このほうがずっと応用が利くはずである。

　つまり、覚える量を増やすことよりも、得た知識をいかに活用するか、「応用できる方法を記憶する」ほうが重要である。

　これまでの知識記憶にたよる勉強ではなく、方法記憶の特質を上手に使ってほしい。

Essence 11

記憶は等比級数的に増える

継続することで能力は爆発する

コンピュータは使い込むと不具合が増えるが、脳は使えば使うほど性能が向上する。これこそ脳の優れた点であろう。

脳の優れた点のひとつについて、池谷氏は「べき乗の効果」という事実の存在を教えてくれた。この事実は、私たちに勇気を与えてくれるだろう。

ひとつの事柄を覚えると、その理解の仕方、すなわち方法記憶も保存され、知識と方法の2つの内容を習得できる（成果）。次に、もうひとつ何かを学ぶと、新たな事柄とその理解の仕方も保存される。

また、方法記憶が理解を助けるので新しい事柄は容易に覚えられるし、先に覚えた事柄の理解も深まるのだ。

こうして、2つの事柄を学べば、4つの成果が頭に入ることになる。

このようにして、新しい事柄を身につけていくと、「2、4、8」とはじまった成果が、やがて「256、512、1024……」となるのである。この急カーブ（左図参照）が、先の「べき乗の効果」である。

つまり、努力と成果は比例関係にあるのではなく、等比級数の関係にあるということだ。

言い換えれば、地道に勉強し、努力を続ければ、やがて成果が急速に上がるときが訪れるということである。

能力の開花は、唐突な爆発を示すのが一般的である。勉強をはじめてもなかなか成果が目に見えないと、自信と意欲を失いがちだが、あと少しで爆発する（成果が出る）ところまで来ているかもしれない。この事実は努力の継続がいかに重要かを教えてくれている。

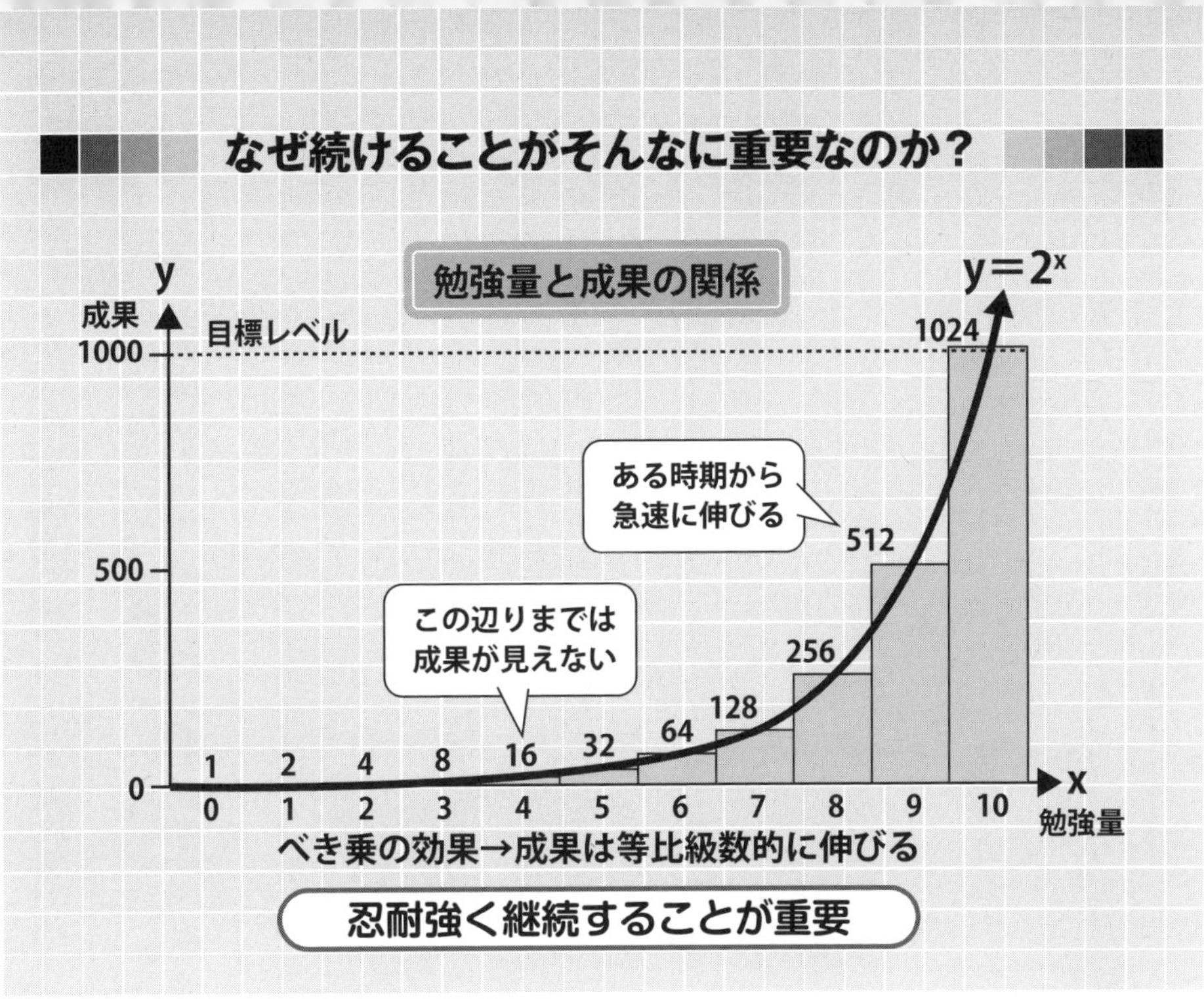
なぜ続けることがそんなに重要なのか？
勉強量と成果の関係
y
成果
目標レベル
1000
500
0
$y=2^x$
1024
ある時期から
急速に伸びる
512
この辺りまでは
成果が見えない
256
128
64
32
16
8
4
2
1
0 1 2 3 4 5 6 7 8 9 10
x
勉強量
べき乗の効果→成果は等比級数的に伸びる
忍耐強く継続することが重要

COLUMN

脳に効くストレス解消法

ビジネスマンにストレスはつきものだ。営業成績が上がらない、上司とウマが合わない、納品の締め切りに追われている……。

そんなときの解消法は人それぞれだろうが、ストレスと脳に関しておもしろい実験がある。刺激薬を用いて強制的に体にストレスを与えるという実験だ。この刺激薬を注射すると、ストレスホルモンが10倍まで増える。

ところが、どんな副作用があるか説明を受け、もし気分が悪くなったら、注射量をコントロールできるボタンを用意しておくだけで、ホルモンの上昇を80パーセントも軽減できたという。

つまり、起こりうることをあらかじめ「知っている」ことと、万一のときに回避できることを「知っている」だけで、ストレスは回避できるというわけだ。

言い換えれば、解消のために何をするかは問題ではなく、「自分のストレス解消法は〇〇！」と、逃げ道を思い浮かべるだけで、ストレスはすでに解消できているのである。

Essence 12

もはや年齢のせいにできない!?

記憶力は年齢とともに伸びる

いざ、勉強してみると「若いころのようには暗記できない」というビジネスマンの悲痛な声が聞こえてくる。それは暗記（知識記憶）を指していることが多いようだが、社会人ともなれば、当然のことだと池谷氏は指摘する。

年齢によって、得意な記憶の種類があるからだ。119ページの図でもまとめたが、中学生くらいまでは、知識記憶がよく発達するので、丸暗記も比較的容易にできる。

しかし、それ以降の年齢になると、経験記憶が優位になってくる。つまり、理解して理屈を覚える能力のほうが発達する。

記憶力が落ちたというより、記憶の種類が変わったといったほうがいい。

これを知らずして、若いころと同じような勉強法（丸暗記）では、効果は小さい。覚えられないという人は、勉強のやり方をもう一度見直してみるべきかもしれない。

豊かな経験に育まれた想像力と感情を利用すれば、若いころよりもむしろ社会人のほうが、知識を経験として記憶しやすい。

これまで「年齢とともに脳細胞が減ってきたから」と言い訳をしてきた人は、次の事実を知ってほしい。

記憶の司令塔である海馬の神経細胞に限っていえば、脳を鍛えるほど増殖することが研究で明らかになっている。

創造性を高める方法

記憶力をよくしたいという願いのいっぽうで、創造性を高めたいと考えるビジネスマンも多いだろ

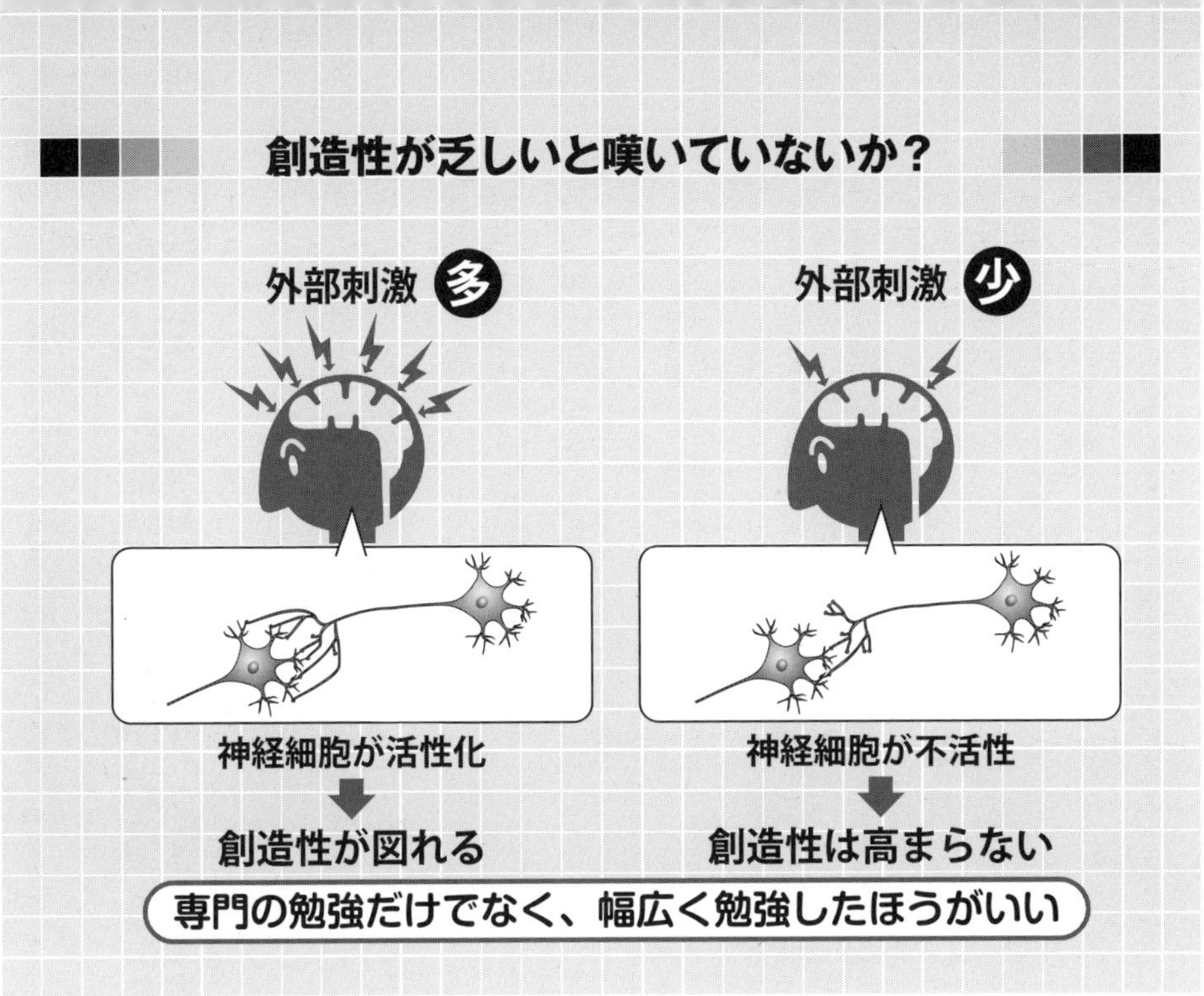
創造性が乏しいと嘆いていないか？
外部刺激 多
外部刺激 少
神経細胞が活性化
創造性が図れる
神経細胞が不活性
創造性は高まらない
専門の勉強だけでなく、幅広く勉強したほうがいい

う。

そこで最後に創造性アップの方法を池谷氏にアドバイスしてもらった。

脳の特徴のひとつに可塑性がある。可塑性とは自在に形を作りやすいことをいうが、これを脳に置き換えれば、神経細胞がつながったり切れたりすることだ。神経細胞がつながったり切れたりすることで、記憶したり忘れたりするのである。

外部からさまざまな刺激を受ければ受けるほど、神経細胞は緊密につながりやすくなり、つまり活性化し、それが新たな発想や発見を生むと考えられるという。

創造性のアップを図るなら、専門の狭い勉強だけでなく、さまざまなものに興味を持ち、刺激を脳に与えることである。

一例として池谷氏がすすめるのは、旅行である。ふだんの生活では受けない刺激が、そこにはたくさんあるからだ。

Essence 13

側坐核の刺激がポイント

やる気は勉強をはじめれば湧いてくる

「よし、○○を勉強しよう！」と決意しても、「どうも今日は、やる気が出ない……」という気持ちが先立って、なかなか勉強のスタートが切れない場合がある。

とくに、大人の勉強では仕事などからくる疲れや多忙さゆえに、学習意欲を維持しにくいことも多いだろう。

こんな場合、池谷氏によれば「とにかくはじめてみる」ことだという。

脳のなかでやる気を生み出すのは、側坐核《そくざかく》と呼ばれる部分。脳の中心近くにある直径1センチもない小さな部位だが、意欲を燃やし成果を上げるために重要な役割を果たしている。

側坐核が興奮すると、アセチルコリンという〝やる気の素〟となる神経伝達物質が放出される。この状態を作るには、勉強や仕事など、何かにとりかかるしかないのだ。

実際にはじめてみると、「楽しい」「快い」といった感情が生まれ、大脳の覚醒レベルが高まり、やる気とともに集中力もアップすることが知られている。

だから、とりかかる前にやる気が出ないというのは、いうなれば当たり前。あれこれ言い訳を考えず、スタートを切ってみることがコツである。

「側坐核が目覚めて、エンジンがかかるまでには少し時間がかかるので、少なくとも10分程度は続けてほしい」と池谷氏。

たまった書類の整理を嫌々はじめたら、いつしか興に乗って、机も棚もすっきり片付いたといった経験は誰にでもあるはず。

同じように、勉強も気づいたら快調に飛ばしていたということになるだろう。

やる気が起きないときの処方箋

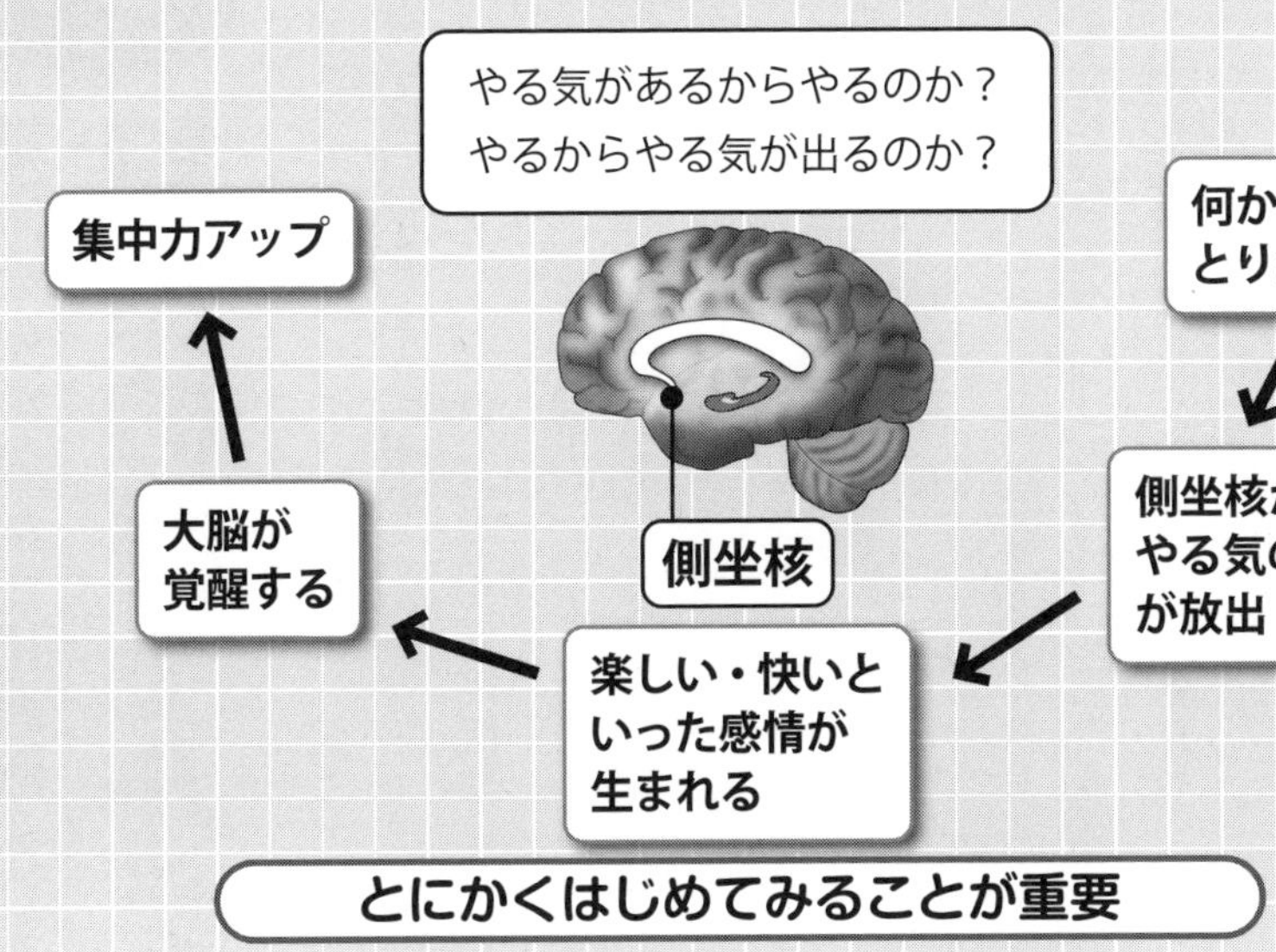
やる気があるからやるのか？
やるからやる気が出るのか？
何かにとりかかる
側坐核からやる気の素が放出
楽しい・快いといった感情が生まれる
大脳が覚醒する
集中力アップ
側坐核
とにかくはじめてみることが重要

COLUMN

風邪薬や酔い止め薬に注意！

せっかく勉強する気になっていても、なんの気なしに飲んだ市販薬のために、湧いてくるはずのやる気が出ないことがある。

池谷氏は、風邪薬や乗り物の酔い止め、下痢止めなどには、やる気の素となるアセチルコリンの働きを妨げる成分が入っているので注意が必要だとアドバイスする。

風邪薬などを飲んで、頭がぼうっとしたり、眠気に襲われたりした経験は、誰もがしているだろう。それはアセチルコリンが阻害されたためだ。

「寒かったから風邪をひかないように」「明日は重要な商談があるから」などと考えて、予防のために風邪薬を飲んだりしてしまうと、結果、マイナスに働いてしまいかねない。

どうしても薬を飲む必要があるときは、「アセチルコリンを抑制する成分が含まれていない薬を」と、薬剤師に相談してみることだ。

Essence 14

勉強を生活のなかに組み入れるコツ

記憶のゴールデンアワーを知る

ビジネスマンが、まとまった時間に勉強しようとすれば、時間は自ずと限られてくる。

昼間の仕事を考えれば、まとまった時間は、就業前の朝か、帰宅後の夜しかない。

昨今、朝に勉強する「朝活」ブームだが、こと記憶に関していえば、朝より夜のほうがいいと池谷氏はアドバイスする。

それはこんな実験で確かめられている。

朝に学習したグループと夜に学習したグループに分け、時間経過に伴って、記憶がどのように失われていくか比較するというものだ。覚えた直後、12時間後、24時間後と3回に分けてテストする。

すると、朝のグループは、12時間後のテストで、ずいぶん成績が落ちてしまう。これは昼間のさまざまな経験が、せっかく覚えた記憶をかすませているためである。

いっぽう、夜のグループは学習直後に睡眠をとるので、寝ている間に脳内で情報が整理され、それが好成績に結びつくのだ。

つまり、就寝前の1～2時間は、記憶のゴールデンアワーといえるだろう。

覚えたら忘れないうちに寝るというのが、記憶を押しとどめておくにはとても重要であるということだ。

ここから、朝は思考系の勉強、夜は暗記系の勉強というふうに、勉強の種類を分けて行なう方法が思い浮かぶだろう。

たとえば、企画案やプレゼン案といった頭を使う勉強は朝に行ない、語学や資格試験といった暗記中心の勉強は夜にするという具合である。

効率的に覚えられる時間帯とは？

実験 **朝型と夜型の忘却スピードを比較**（ブラウン・T・P らによる実験）

内容

朝に学習したグループと夜に学習したグループに分け、学習した直後、12 時間後、24 時間後にテストをする。時間経過に伴って記憶がどのように失われていくかを調べる。

結果

朝のグループ

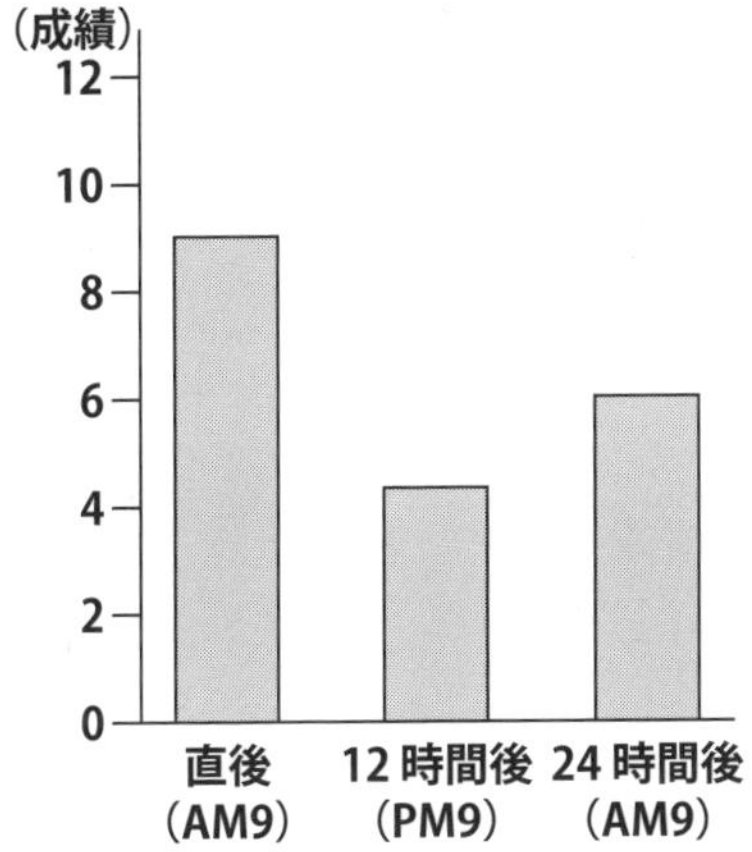

（成績）
12
10
8
6
4
2
0
直後（AM9）
12 時間後（PM9）
24 時間後（AM9）

夜のグループ

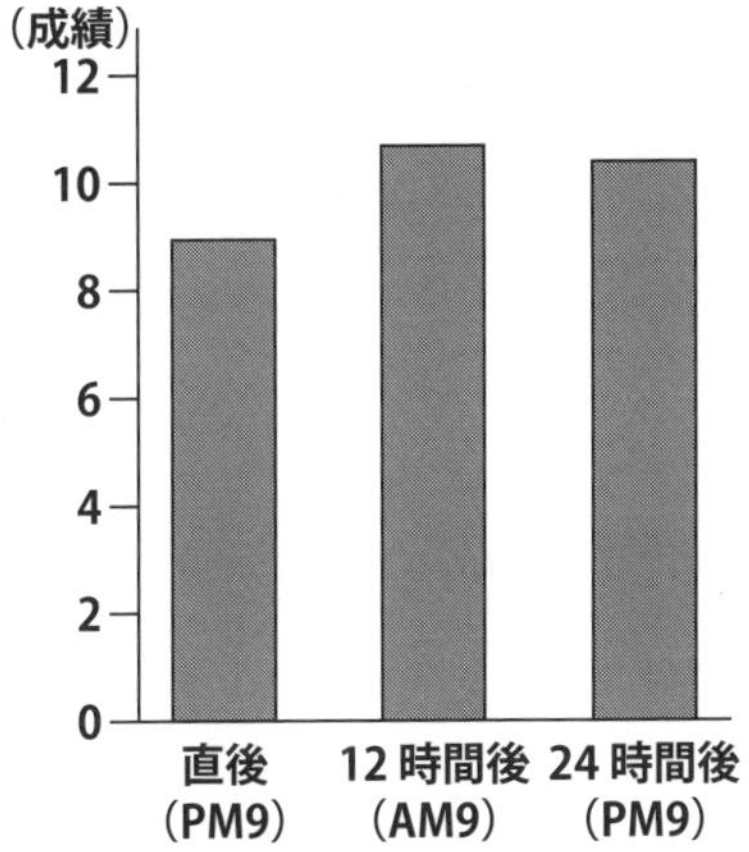

（成績）
12
10
8
6
4
2
0
直後（PM9）
12 時間後（AM9）
24 時間後（PM9）

朝のグループは、12 時間後のテストで成績が落ちるが、学習の直後に睡眠をとった夜のグループは成績がよい。 ➡ **覚えたら忘れないうちに寝ること**

朝と夜で勉強の種類を使い分ける

朝

思考系

企画案・プレゼン案などを考える

夜

暗記系

語学や資格試験の勉強にあてる

Chapter 5

司法試験界のカリスマが語った

「試験突破」の大事なルール

伊藤 真

キャリアアップや夢をかなえるために臨む資格試験や昇進試験。しかし、試験勉強を続けていくことの難しさは誰もが知っている。効果的な試験勉強とは？受験指導の経験に裏打ちされた合格法を示す。

Makoto Ito

1958年東京都生まれ。弁護士。伊藤塾塾長。東京大学在学中に司法試験合格。95年、「伊藤真の司法試験塾（現、伊藤塾）」を開設し、司法試験、法科大学院、公務員試験、法律資格試験の受験指導に注力。「憲法の伝道師」としても精力的に講演・執筆活動を行なう。また、日本を真の民主主義国家にするため「一人一票実現国民会議」の発起人として様々な活動を行なう。

Essence 1

出発点は「なりたい自分」のイメージ化

試験勉強を成功させるには「合格後を考える」

資格試験や昇進試験、TOEICなど、何か試験を受けようと考えているなら、まずゴールを明確にすることからはじめるべきである（Chapter1では大人の勉強において、目的の明確化の重要性を述べたが、試験勉強においても同様である）。

何のために試験勉強をするのか、将来の「なりたい自分」を具体的にイメージする。これがないと、間違いなく挫折してしまう。

しかしこの点を疎かにして、勉強をはじめている人が意外に多い。

「資格を取って独立する」「昇進試験に受かって、海外勤務を実現する」など、人にはそれぞれ思い描くゴールがあるはずだ。

TOEICにしても、ただ「英語のスキルを身につけたい」といった漠然とした希望ではなく、「海外企業と組んでプロジェクトを立ち上げる」など、具体的なゴールを設定することである。

合格の先を考えれば、合格はゴールではなく、あくまで通過点のひとつにすぎないこともわかるだろう。

試験合格も資格取得も人生を豊かにする手段であり、最終目標ではない。当たり前のことだが、人生にはつねに先がある。合格の先をイメージすることが、勉強を続ける大きな原動力になることを知るべきである。

必要性があれば勉強は続けられる

合格後を考えることは、自分自身と向き合い、本当に受験が必要なのか自らに問うことでもある。

よく「その気はあるが勉強がなかなか続かない」「受けようと思いながら、この年齢になってしまっ

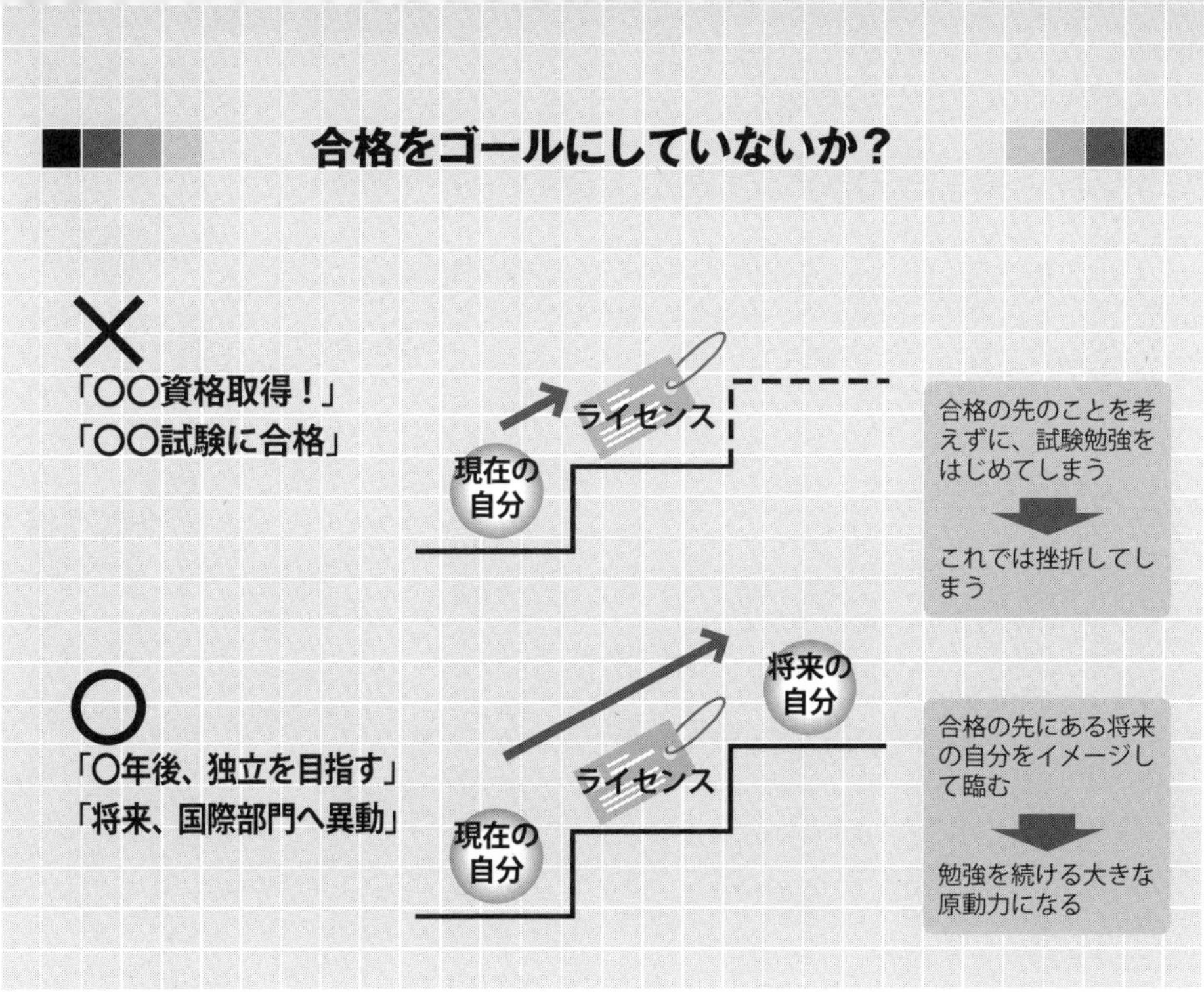
合格をゴールにしていないか？
×
「○○資格取得！」
「○○試験に合格」
現在の自分
ライセンス
合格の先のことを考えずに、試験勉強をはじめてしまう
これでは挫折してしまう
○
「○年後、独立を目指す」
「将来、国際部門へ異動」
現在の自分
ライセンス
将来の自分
合格の先にある将来の自分をイメージして臨む
勉強を続ける大きな原動力になる

た」などとぼやいている人がいるが、それはつまるところ、その受験はその人にとって必要ないからだろう。

もし本当に必要であれば、必死になって勉強するものだし、勉強をはじめるのに躊躇もしていられないはずである。

また、時間を確保するため、ほかの我慢もできるというものだ。

いままで通り、家族とゆっくりくつろぎ、友人と酒を飲み、趣味の時間を満喫して……、これでは資格取得はおぼつかないのも事実。

働き方によっては、試験勉強に時間を割くより、飲みニケーションで人間関係を深めたり、旅行や読書で見識を深めたりするほうがよい場合もある。だからこそ、試験勉強の意味を最初に見極めておくことが重要なのだ。

では、次項から具体的に試験勉強の方法と取り組む姿勢について述べていきたい。

Essence 2

勉強の方向性を定める

敵を知り最短ルートをとれ（ゴールからの発想）

勉強をする際、もっとも重要なのが、方向性を見定めることだ。これを軽視していると試験は、まずうまくいかないといっていい。

たとえば、なんとなく興味のある分野の参考書を漫然と読むばかりでは、満足な成果は得られないだろう。

方向性を見定めるとは、「試験で何が求められるのか」を明確に知ることに尽きる。

『孫子の兵法』のなかで「敵を知り己を知れば、百戦して危うからず」とあるように、まず敵を知る、すなわち求められているのが何かを知ることで、いま、自分はどこからはじめなければならないかがわかるのである。

言い換えれば、「合格」と「いまの自分」という2つの点を直線で結ぶ最短ルートを明確にすることで、もっとも合理的で効果の高い対策が見えてくるのだ。

その具体的な対策のカギが、過去問である。これは試験勉強における「いろは」の「い」であるといっていい。

過去の試験では何が求められたかわかれば、試験当日にどういうレベルまで持っていかなければならないかがわかる。そこから逆算し、試験1か月前、3か月前、半年前、そしていまと、その時点で何をすべきなのか明確にできるのだ。これが「ゴールからの発想」である。

マラソン選手がレース本番に向けて何か月も前から調整するように、合格に向かって適切な対策をとらないと、見当はずれの方向へ走ることになる。

過去問の分析こそ、敵を知ることなのである。

過去問の重要性がわかったら、次はいよいよその使い方について考えてみたい。

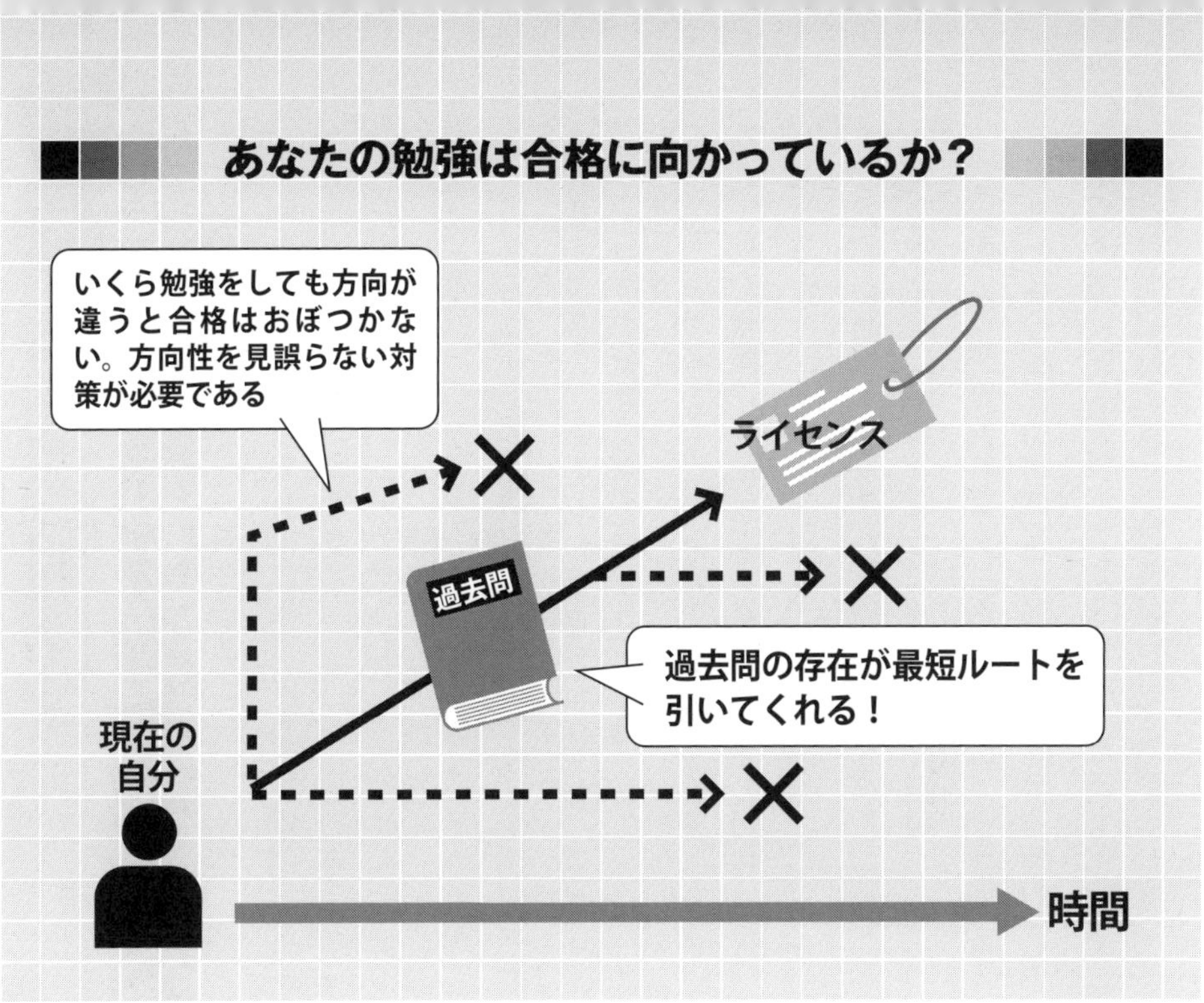
あなたの勉強は合格に向かっているか？
いくら勉強をしても方向が違うと合格はおぼつかない。方向性を見誤らない対策が必要である
ライセンス
過去問
過去問の存在が最短ルートを引いてくれる！
現在の自分
時間

COLUMN

答案を書くスピードが合否を分ける!?

「試験では字を書く速さが求められる」というと、多くの人に「そんな些細なことを」と怪訝な顔をされる。

しかしここに意外な落とし穴がある。

司法試験を例にとると、60分で約１４００字の答案を手書きで書く論文式試験がある。

伊藤塾では「見本の答案を書き写し、所要時間を計る」という宿題を最初に出している。この段階での塾生の平均時間は、なんと50分。

つまり残りの10分で問題を読み、答えを導き出して構成を組み立てなければ間に合わない。

仮に文字を書く時間を30分まで縮められれば、残りの30分をかけてじっくり考えられるわけだ。

書くのが遅いという弱点は、試験日の1年前に気づけばトレーニングで改善できるが、1、2か月前にそれに気づいてももう間に合わない。試験で求められている内容を最初に知っておくことが重要であると物語るよい例ではないだろうか。だからこそ、できるだけ早めに過去問の分析をする必要があるのだ。

Essence 3

過去問の活用法①

目標は満点ではなく合格ライン

では、過去問を具体的にどう分析し、活用すればいいのか見ていこう。

まず着目してほしいのは、試験の制限時間と問題数である。

たとえば、○×問題や選択問題なら、全体の制限時間を問題数で割れば、1問あたり何分で答えていけばいいかがわかる。

記述式があれば、指定された字数の分量を把握して、書く時間、問題を考える時間にどのくらいかけられるかを割り出しておく。

次に分析するのが出題内容。

過去問から出題される傾向と分野を把握する。資格試験でも昇進試験でも、対象ジャンルが決まっているとはいえ、出題範囲は幅が広いのが一般的である。やみくもに勉強したのでは効果が薄い。

研究や学問としての勉強なら、どこまでも掘り下げていけばいいだろうが、試験は合格するのが大前提である。試験に出る分野を極力絞り込み、効率よく学ぶことが必要なのだ。

難問・奇問は無視、基礎を固める

ここでもうひとつ押さえておきたいのが、満点を取る必要はないということ。

どうしても満点を目指そうとしがちだが、目的は満点を取ることではなく、あくまで合格である。これまでの合格点はどのくらいなのか、相対評価なのか絶対評価なのかもあわせて把握し、目指すべきラインを定めておくことだ。

仮に7割の正解数が合格ラインなら、8割を目標とすれば十分である。

さらに、その8割の中身を分析する。正答率がど

過去問を力試しに使っていないか？

過去問をただの力試しに使わない。あくまで分析することが重要

過去問

過去問を分析する

① 時間配分

試験時間と出題される問題数から、1問あたりにかけられる時間を把握する

② 出題範囲

何をどこまで聞かれていて、それにどう答えるのかを明確にする

③ 合格ライン

合格ラインを知ることで、どの程度の正答率の問題まで正解しなければならないのかがわかる

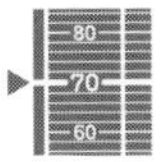

の程度の問題なのかを押さえるのだ。

たとえば、正答率が70パーセント、すなわち10人のうち7人ができる問題を正解すれば、8割の点数が取れるなら、それ以上に難しい問題は解けなくてもいいということになる。

こうして見えてくるのが、基礎の学習を徹底するという対策だ。

2010年まで実施されていた旧司法試験の短答式試験（マークシート形式）では、合格ラインは約8割で、正答率70パーセント以上の問題に正解できれば合格できた。

基礎を固め、多くの人が解ける問題を落とさないようにすることが、いかに重要かがわかる。

早い話、試験のごく一部でしか出題されない難問、奇問は無視すればいい。それがわかっていれば、これからの勉強法も変わってくるはずだ。

ましてや「解けない……」「難しすぎる……」と、自分の能力や適性を疑うほど悩むことは、まったくないのである。

Essence 4

過去問の活用法②

過去問は試験勉強の最高の問題集

ここまで述べてきたように、過去問は合格のために何が求められるかを示す羅針盤のようなものである。なるべく早く分析し、答案のイメージをしっかりと固めておきたい。

そして、本番でそのような答案が書けるようにするには、いまの自分は何をすべきかを考えつつ、勉強を進めることである。

ときおり、「過去問で出題傾向を見るのはわかるが、一度出た問題は二度と出ないのだから、わざわざ解く必要はないのでは?」という人がいるが、それは違う。

もちろん次の本試験で、過去問とまったく同じ形では出題されないだろう。

だが、少しずつ姿形を変えた問題が繰り返し出されるのである。

一般的に、出題される問題の大半は基礎を問うものであり、過去問を解くことによって、何が基礎なのかがわかると同時に、現時点での自分の基礎力が明らかになる。

加えて、過去問は応用力をつけるためにも使うことができる。自分で少しひねって新たな問題を作るという活用法だ。

問題文の一部を別のフレーズに置き換え、答えが変わるかどうかを考えてみよう。

たとえば、法律の問題で「売買契約を結んだが、こちら側の責任で品物を渡せなかった」と問題文にあったら、「相手の責任だったらどうなるか」「どちらにも責任がなければどうなるか」など問題設定を変えて、答えを推測するのである。

試験勉強に使う問題集として、過去問ほど優れたものはないことを知ってほしい。いかに過去問を活用するかが、試験を制することにつながるのである。

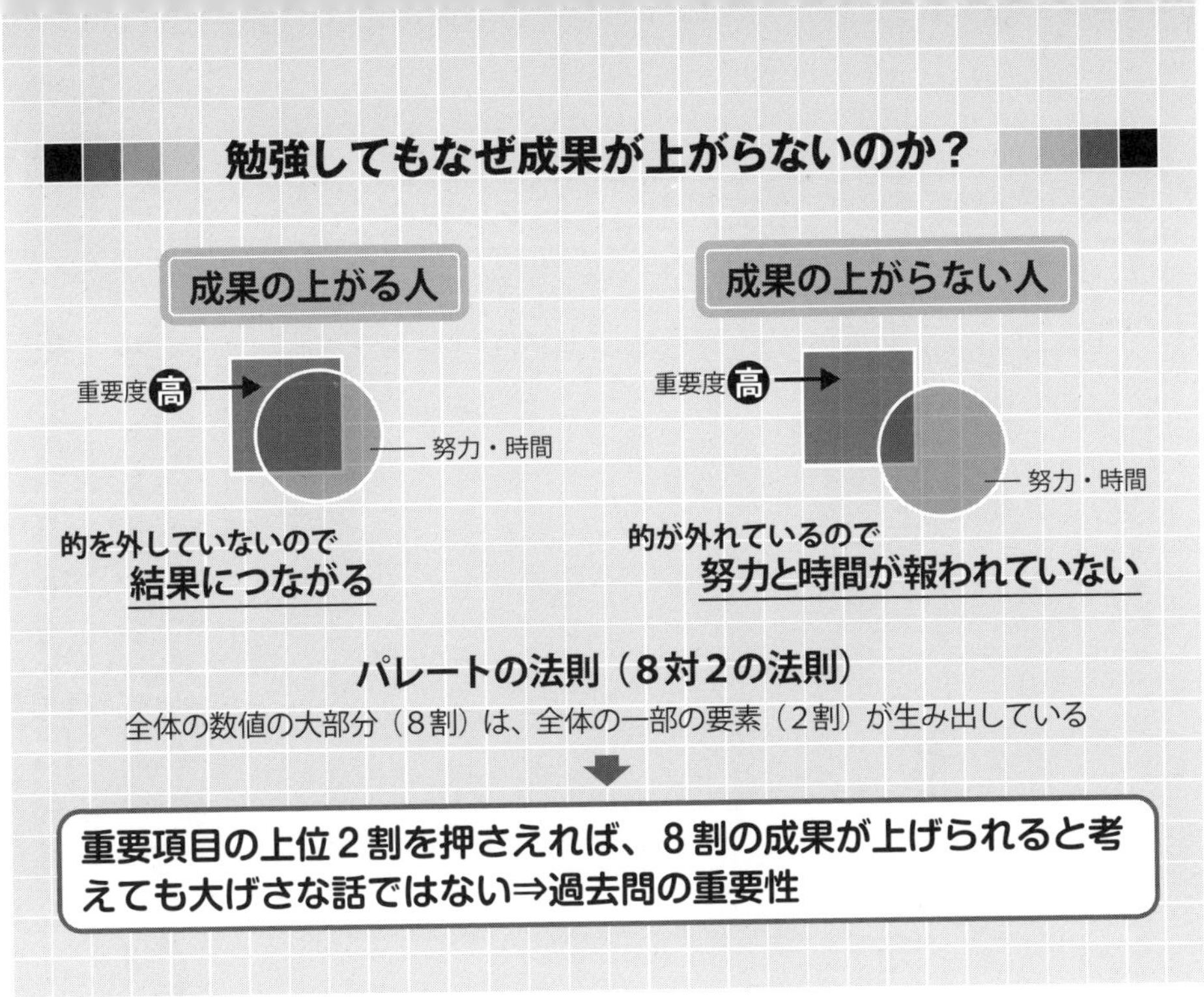
勉強してもなぜ成果が上がらないのか？
成果の上がる人
重要度高
努力・時間
的を外していないので
結果につながる
成果の上がらない人
重要度高
努力・時間
的が外れているので
努力と時間が報われていない
パレートの法則（8対2の法則）
全体の数値の大部分（8割）は、全体の一部の要素（2割）が生み出している
重要項目の上位2割を押さえれば、8割の成果が上げられると考えても大げさな話ではない⇒過去問の重要性

上位2割を確実に押さえていく

合格する人は、必要なことを優先して勉強している。努力しても成果が上がらないという人は、重要性の低いことに時間をかけてやっている場合が多いものだ。

ここは、ビジネス現場でよくいわれる「パレートの法則」、いわゆる8対2の法則を思い出してほしい。

これを勉強に当てはめれば、重要性に応じて優先順位をつけていき、上位項目、とくに上位2割を確実に押さえて、8割の成果を上げる――、ということになるだろうか。

その最たる方法のひとつが、これまで何度も重要性を説いている過去問の活用なのだ。

以上のように考えれば、これまで見通しの悪かった試験勉強も少し気持ちがラクになるのではないだろうか。

Essence 5

紙に書き出す〝可視化〟がポイント

合格までのロードマップを作る

これが伊藤真氏の合格までのロードマップだ

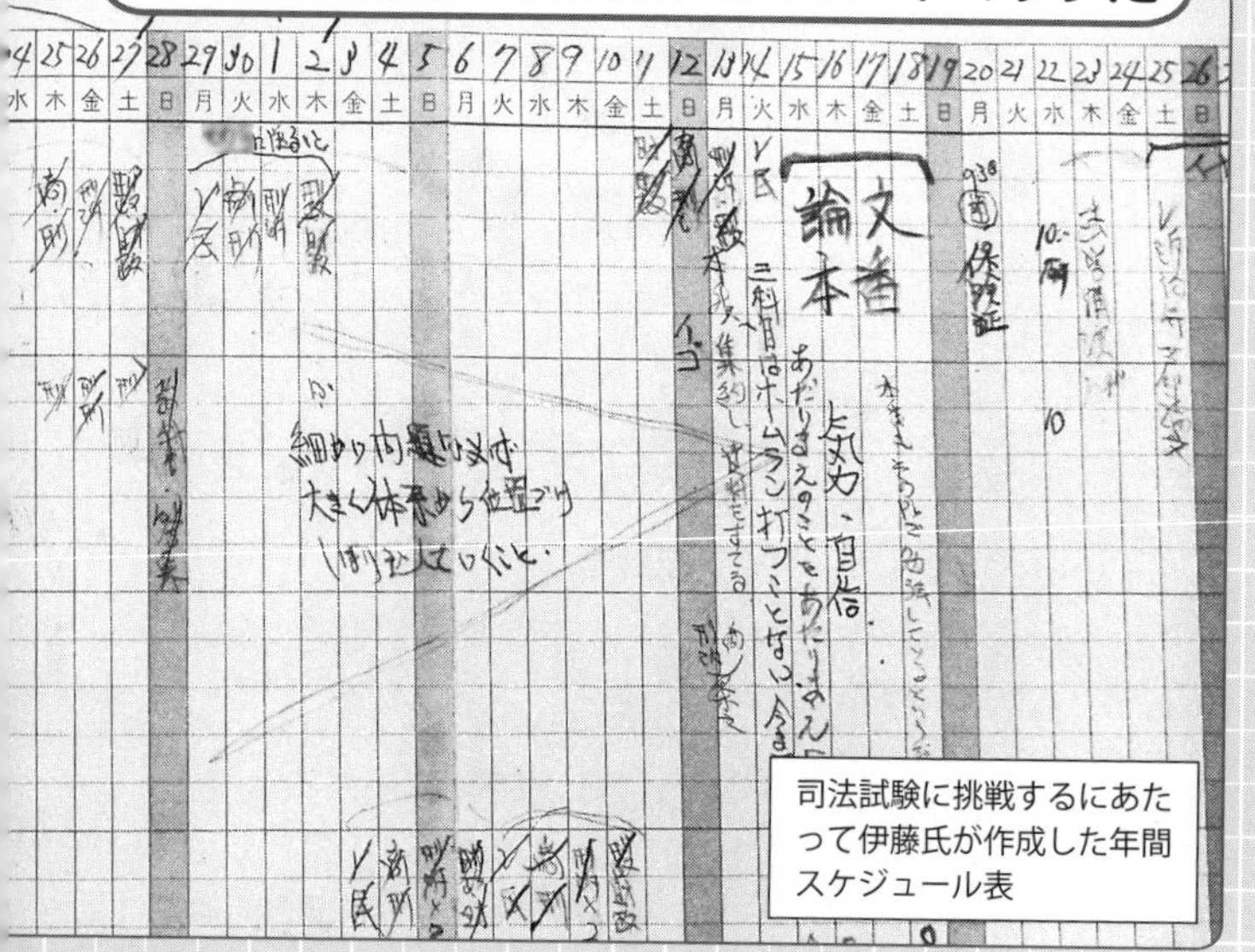

司法試験に挑戦するにあたって伊藤氏が作成した年間スケジュール表

「時間を見つけて勉強しよう」と思っていても、なかなか思ったように進められない人は多いはずだ。継続と成功のためには、やはり計画が不可欠である。

ここでは計画の立て方を述べておこう。

まずは、試験当日までの勉強計画を紙に書き出す。1年後、半年後となると長期計画だが、できるだけ全体像をひと目で見られる形にする。つねに自分の現在位置を確認できるようにするのだ。

いわば、合格までのロードマップである。

半年分を一覧できる大きなスケジュール表などを利用し、机の前に貼り出すのもいい。

紙に書いて「可視化」すると、取り組む課題が目に見えるので解決しやすい。

また、残された時間が一目瞭然となり、やり残したことは何か、どう対処するかを考える習慣がつく

なぜ計画通りに進まないのか？

長期計画

合格までのロードマップを作る

↓

可視化する

- ☑ ゴールが明確になる
- ☑ 自分の現在位置を確認できる
- ☑ 残り時間、やり残しがひと目でわかる
- ☑ 対処法の習慣がつく

し、自分を客観視できるようになる。

計画の可視化は、目標を達成する勉強法の基本である。

「でも、結局は計画通りにはいかない」という声もよく聞く。そのためか、重荷に感じてやる気を失ったり、自己嫌悪に陥ったりする人がいる。

しかし、そもそも計画通りにできる人はいない。もし計画が崩れたら「少しの遅れは普通のこと」と考え、修正し、再実行することをひとつのサイクルとして捉えることだ。

計画を修正し再実行する際のヒントを教えておこう。それは、遅れを全面的に取り戻そうと欲張らないことである。その時点までにやり残したすべてを、その後の計画にそのまま上乗せしても実行できるはずがない。

結局、雪だるま式にふくらんで、身動きがとれなくなるだけである。

もっともまずいのは、計画通りに進まず嫌気がさしてか、途中であきらめてしまうことである。

Essence 6

知識は増やすより精度を上げる

あいまいな100の知識より正確な10の知識が勝る

「基礎を固める」「優先項目を押さえる」という勉強法に疑問を感じる人もいるかもしれない。難関資格に合格するには、来る日も来る日も難しい勉強を大量にこなさなければいけないというイメージがあるからだ。

しかし勘違いしてはいけないのは、試験勉強とは際限なく知識を増やすことではなく、知識の精度を上げることだという点だ。

ひとつの項目を学ぶのに、0からはじめて9割まで理解しても、じつは正解できない。繰り返しの復習で10割まで精度を上げてこそ、点数が取れるのだ。

ところが、多くの人は「新しいことを学ぶのが勉強」と勘違いして、あと1割に注ぐべきエネルギーを新たな知識を学ぶことにあててしまう。

これではいくら勉強しても点数にはつながらない。試験では100のあいまいな知識より、10の確実な知識が勝るのだ。

では、勉強すべき範囲をどう網羅していくのか。繰り返し復習する機会を増やしながら広げていくのがコツである。

試験に出る範囲全体を、らせん階段を上るようにぐるぐるまわりながら、試験当日までに何巡も繰り返して全体の力を上げていくイメージである。

まずは全体像をつかむことが先決なので、1巡目は出題頻度が極めて高い問題だけ解いて、各分野の重要ポイントをざっと見てまわる。2巡目は復習をしつつ、出題頻度が中程度のところまで学ぶ範囲を広げるのだ。

このように出題範囲を何巡できるか、この回数を増やすことが、点数を取る知識につながるのである。

問題を一度解いて終わっていないか？

1冊の問題集を繰り返し解くことで、知識の精度を上げていく

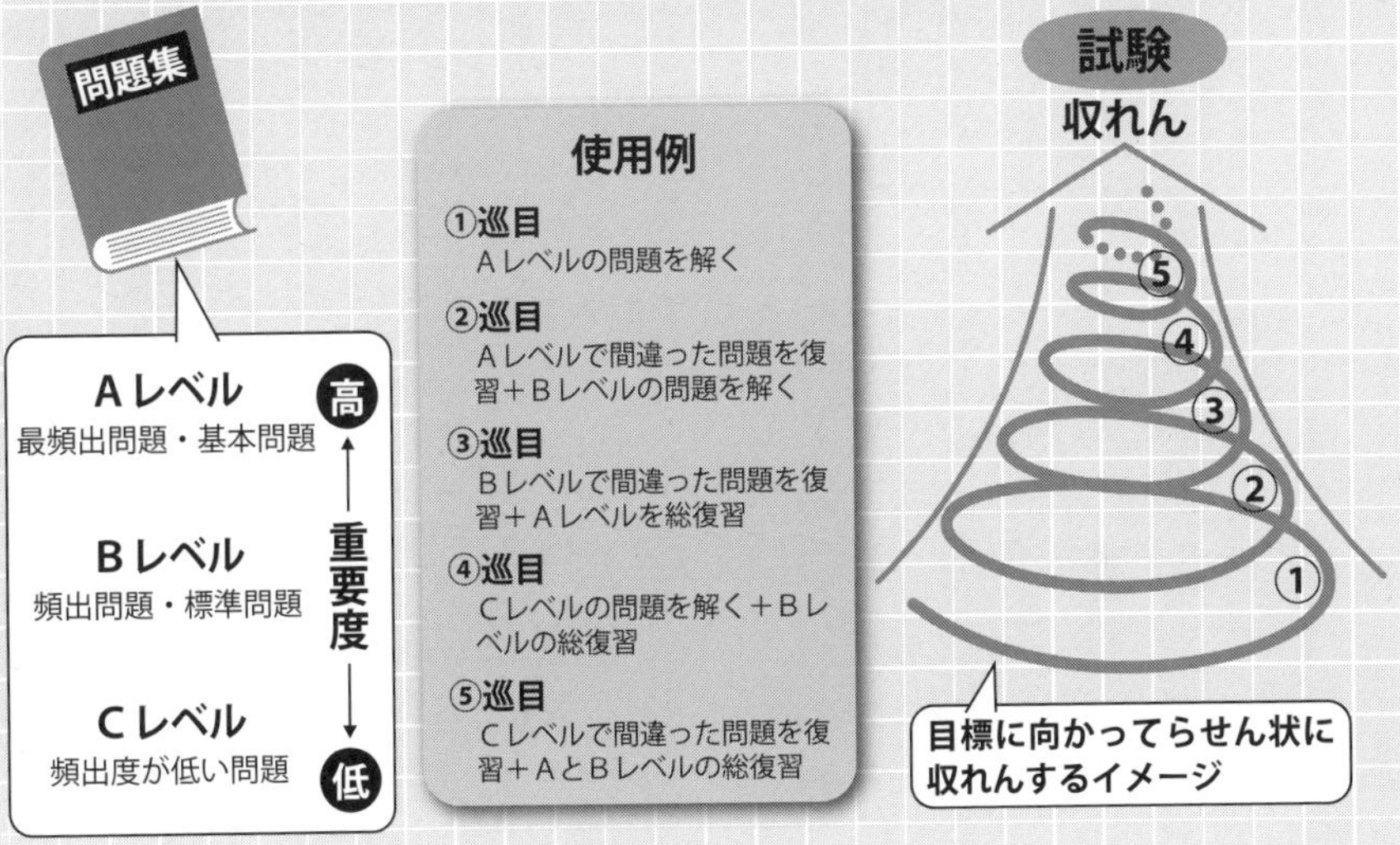
問題集
Aレベル
最頻出問題・基本問題
Bレベル
頻出問題・標準問題
Cレベル
頻出度が低い問題
高
重要度
低
使用例
①巡目
Aレベルの問題を解く
②巡目
Aレベルで間違った問題を復習＋Bレベルの問題を解く
③巡目
Bレベルで間違った問題を復習＋Aレベルを総復習
④巡目
Cレベルの問題を解く＋Bレベルの総復習
⑤巡目
Cレベルで間違った問題を復習＋AとBレベルの総復習
試験
収れん
⑤
④
③
②
①
目標に向かってらせん状に収れんするイメージ

COLUMN

新たな発見ができる復習のコツ

「復習が好き」という人はあまりいないだろう。人は同じことを繰り返していると飽きてしまうし、なにより新しいことを学ぶほうが楽しいからだ。

でも、意識を変えれば、同じ問題でも、同じ講義でも、必ず新たな発見ができる。

たとえば、音楽を聴くとき、同じ曲でもそのときの気持ちしだいで、それまで気に入っていた歌詞やメロディーの違う箇所が心に強く響いたりするものだ。

ある映画好きの友人の話をしよう。

彼は、気に入った作品なら5回くらい観ているという。最初はストーリーの展開を追うが、2回目以降は主役の演技の仕方、脇役の存在感、さらには舞台セットやBGMの使い方など、意識するポイントを変えて観るためだ。すると、毎回新たな発見があるのだそうだ。

じつは試験勉強も同じ。「今回は○○という視点から」とポイントを変えて意識すれば、同じ内容でも新鮮な気持ちで取り組める。これができる人が、やはり合格している。

Essence 7

間違えた問題は反省ノートに書き出す

間違いはチャンスと捉える

問題に挑んでも点数がまったく取れないと、意欲も湧かないし根気も続かない。落ち込む気持ちはわからないではないが、正解できなかったときこそチャンスである。

なぜなら「間違えた」という意識が強く残るので、これを利用すればより高い学習効果を得られるからだ。

趣味で楽しむクイズなら「解いて採点して終わり」でもいいだろうが、試験勉強は違う。

もしあなたが、模擬試験を腕試し程度に考えて「半分しか取れなかった」「7割は取れた」と、結果だけを見て終わっていたとしたら、非常にもったいない話。間違えた問題にこそ意味があり、そこに合格への道が続いていると考えてほしい。

落とした問題の解説を読んで、「なるほど」とうなずいて終わりにするのもまだ甘い。

ここは、ぜひとも間違えた原因を突き止め、書き出す「反省ノート」を作ってほしい。前述した可視化である。

どういう点の理解が足りなかったのか、あるいは誤解していたのかを簡潔に書き記しておくのだ。ケアレスミスも「不注意」で終わらせず、「問題文の○○を読み間違えた」「別の問題○○と勘違いしていた」など、原因を掘り下げる。

これを日々の復習で確認するのはもちろん、模擬試験の前などに読み返せば、いままで以上にミスを減らせるはずだ。

このように、間違いをプラスに変える工夫も試験勉強では極めて重要である。

自信を失ったり悩んだりするより、チャンスと捉え、糧にすることだ。とくに最初のうちは、8割できなくても落胆する必要はまったくないのである。

結果だけを見て終わっていないか？

過去問や模擬試験で何点取れたかは重要ではない。それよりも解けなかった問題にこそ意味がある

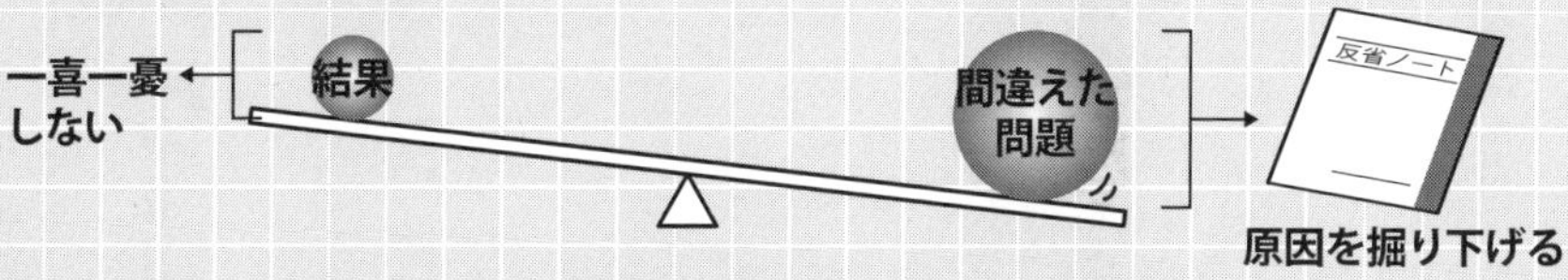
一喜一憂しない
結果
間違えた問題
反省ノート
原因を掘り下げる

理解を深めるコツ

✕ それぞれの科目をバラバラに学習

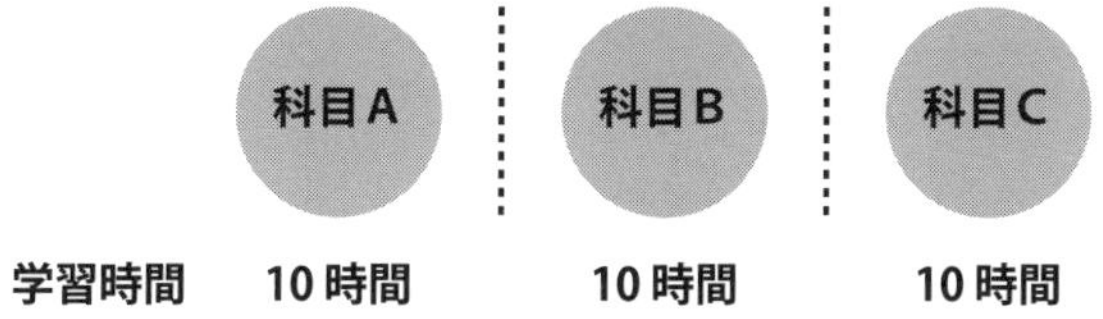
科目A
科目B
科目C
学習時間
10時間
10時間
10時間

有機的につながっていないので、理解が深まらず、また応用が利かない。すべての学習に30時間かかることになる

○ 全体を見通し関係性に着目して学習

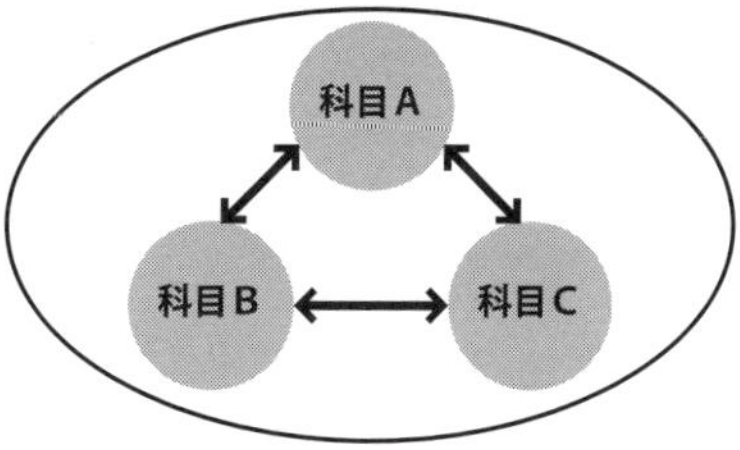
科目A
科目B
科目C

それぞれが有機的につながると、理解が深まり、応用が利く。それぞれ 10時間かかる学習であっても 30時間以下の学習ですむ

例 憲法 と 会社法 の関係性

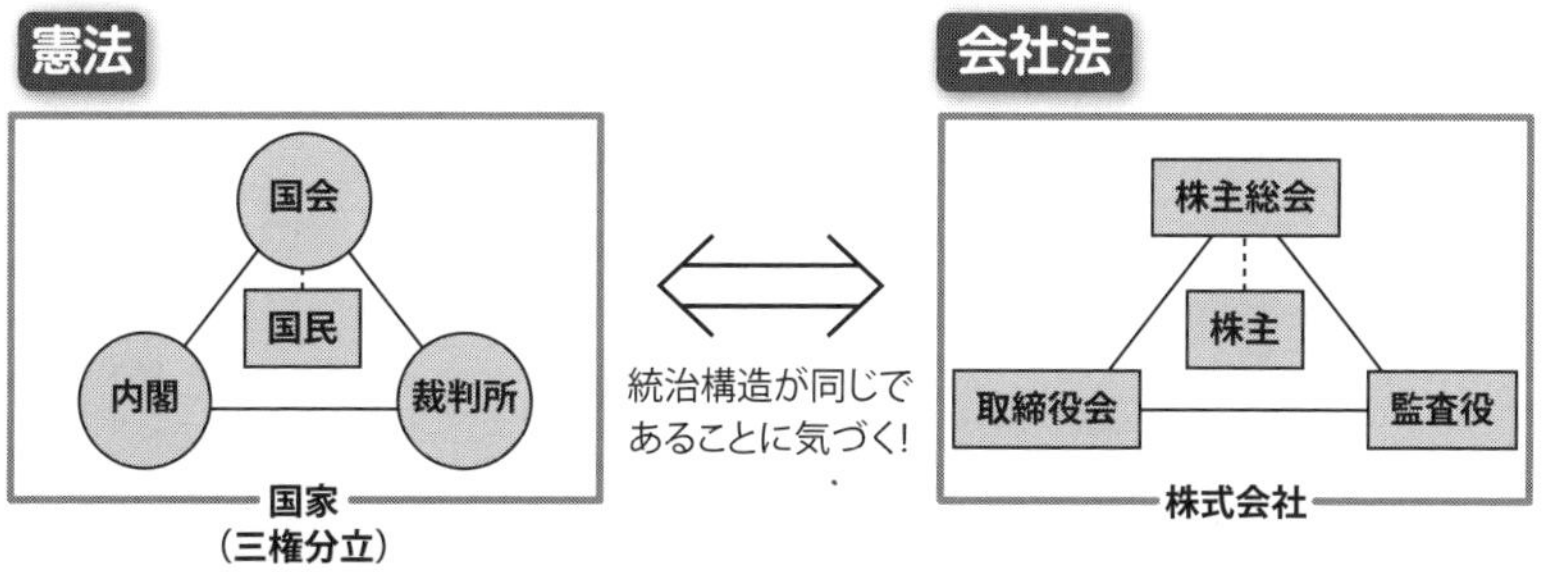
憲法
国会
国民
内閣
裁判所
国家
（三権分立）
統治構造が同じであることに気づく!
会社法
株主総会
株主
取締役会
監査役
株式会社

Essence 8

スクールを使いこなす

スクール選びは相性のよさが決め手

とくに資格試験では、スクールでの試験対策講座が心強い味方になる。前述した通り、「敵を知り己を知れば、百戦して危うからず」である。過去問を分析して出題傾向を明らかにするプロフェッショナルなのだから、敵を知るには大いに役立つ。

ただし、スクール選びや講座選びには盲点があることも理解しておくことだ。

どのようなスクールの講座であっても、自分が主体となって「使いこなす」という意識がなければ、あまり意味がない。

また、受講することで「敵を知る」ことはできても、基本的に「己を知る」ことには役立たない。たとえば、勉強の仕方については、スクールがすすめる方法は絶対的ではない。その方法が本当に自分に合っているのかは、自分自身で判断しなければならない。

人それぞれ能力も性格も受験動機、目標も異なる。評判がいいスクールが自分にぴたりと合うとは限らない。

見極めを誤ると、振り回されるばかりで、結局は続かないのがオチである。これでは、なんのためのスクールなのか、わからない。

好感の持てる講師を選ぶこと

では、どういう視点でスクールや講座を選べばよいのか。

周囲の評判やカリキュラムに加え、学費や交通の便を判断基準にしやすいが、これだけで判断しないことである。

選ぶ最大のポイントは、やはり自分との相性であり、気持ちよく勉強を継続できるか否か。

評判だけでスクールを選んでいないか?

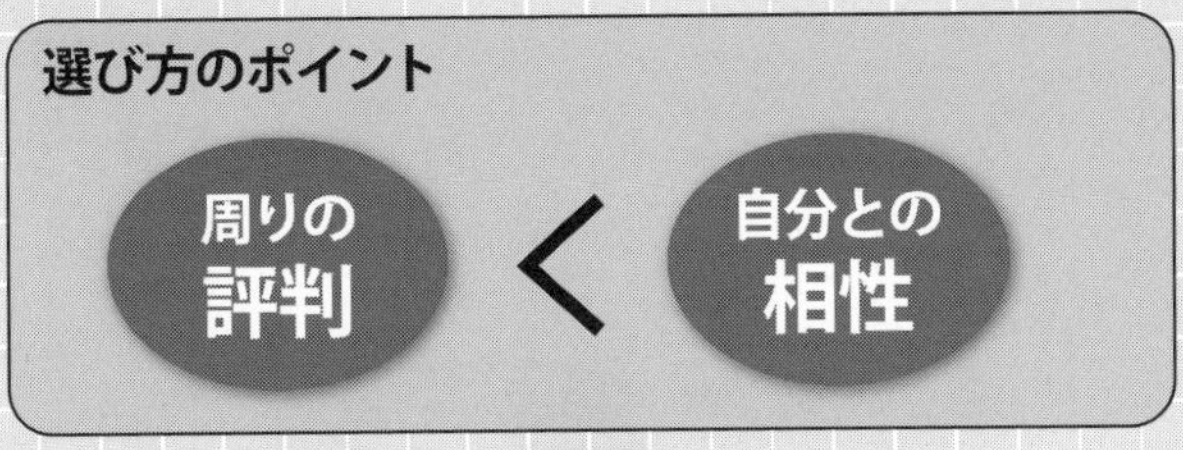

もちろん、学費、交通の便、カリキュラムも大事だが、続けるために重要なのは、自分と講師との相性

まずは自己分析（己を知る）

チェックリスト

① 環境

- □ 教室はどんな雰囲気か
- □ 受講生はどんな様子か
- □ 復習できる環境が整っているか

② 講師→直感でOK

- □ 身ぶりや話し方はどうか
- □ 言葉遣いに好感を持てるか
- □ 質問しやすそうな雰囲気か

できれば、教室やほかの受講生の様子などを実際に見せてもらおう。

その際、復習する環境の整ったスクールかを吟味することだ。講義のあとすぐに教室から退出を求められるようでは、貴重な復習機会が失われている。講義直後の5分間で、テキストをざっと見直すだけでも、学習効果が大幅に上がるからだ。

そのような時間が受講生に与えられているかどうかをチェックしておく。

そして、なにより大切なのが講師との相性である。相性の見極め方としては、直感的に受ける印象でかまわない。繰り返し顔を合わせ、講義を聞くのだから、外見をはじめ身ぶりや話し方に好感が持てるかチェックすることだ。

たとえ有名講師でも、言葉遣いに嫌悪感を抱くようでは、話を素直に聞く気になれないし、疑問点が出てきたとき、気軽に質問もできない。

自分との相性のよい講師がいるかどうかは、スクール選びにおいて、周囲の評判以上に大切であることを知っておいてほしい。

Essence 9

スランプは努力の証と考える

スランプ対処法は原因を書き出すことから

試験勉強をしていると切っても切れないのが、スランプの存在である。これは誰しも経験することで、スランプに対してどう対処すべきかも心得ておきたい。

まず、スランプは努力している証ということだ。頑張っているうえに「もっと点数を取りたい」「さらに上を目指したい」と願うから、思い通りにいかない現状に悩むのである。

努力していなければ、スランプに陥りようがないではないか。

だから、スランプに陥ったら、合格への道程を進み、それだけ距離を縮めていると考えていい。

対処法としては、そのような状態に陥った原因を考え、思い当たることをすべて紙に書き出していくと効果的だ。内面をさらけ出して可視化することで、自分を客観視することができる。そうすることで、じつは大げさに考えすぎていただけだと気づくことも多いのだ。

間違った勉強法をしていないか検証

では、スランプの原因にはどういう場合が考えられるのか。

もっとも多いのが心身の問題である。睡眠不足や食生活の乱れのほか、会社の人間関係や家庭のトラブルなどのストレスを抱えている場合である。

身の回りに問題を抱えていては、試験勉強になかなか集中できるものではない。

もうひとつ意外に多いのが、本番が近づきあせってしまうケース。「まだやることが山ほどある」と思い込んで、空回りしてしまうケースだ。

もちろん、勉強法に問題があって成績が伸びない

スランプに怖じ気づいていないか？

スランプ　努力している証拠。合格への道を進んでいると考える

↓

可視化

伊藤真氏のメモ

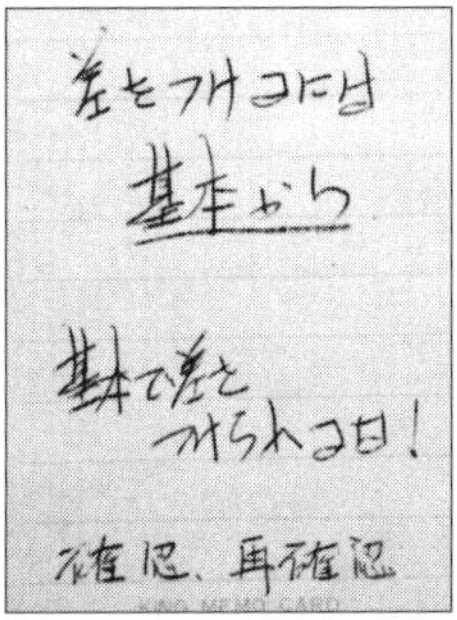

書き出して原因を掘り下げていくと、じつは思い込みだったり、大げさに考えすぎだったりすることもよくある

↓

原因究明　単なる思い込みか、自分で解決できるかなど原因がわかれば、具体的な手を打てる

こともある。復習が疎かになり、次々に新しい問題に手を出していないだろうか。これでは知識が定着せず、成果は上がらない。

はじめは正しい方向で勉強が進められていたのに、少しずつずれが生じ、それが修正できていないというわけだ。

逆に、実際には着実に進んでいるのに「全然できない」と思い込んでいる場合もある。もう一歩で点数につながるという段階では、目に見えるような結果は得にくいものだ。

試験勉強のやり方に問題がある場合や自分がどの位置にいるかを見失っている場合は、たとえば通っているスクールに相談するなど、プロの力を借りるのも有効な手段だろう。

こうして原因を究明できたら、あとはいかに問題を改善して実行するかである。思い悩んで何もしないのではなく、具体的な手を打ってみることが、スランプから抜け出す第一歩である。

Essence 10

夢も可視化する

夢ノートで気持ちを持ち上げる

長いスランプに陥ると、回復するまでに大変なエネルギーが必要になる。そこで重要になるのが、気持ちが大きく落ち込むところまでに至らないようにする工夫だ。

調子のいいときと悪いときの振り幅をなるべく小さくする工夫といってもいい。少しでも下降してきたら早く対処し、それ以上落ち込まないように気持ちを切り替えることである。

ひとつの方法として、「夢ノート」をつけることを提案したい。合格した暁にしたいこと、さらにその先の人生でやりたいことを、思いつくたびに書き出しておく。

これは132ページに述べた「合格後を考える」ことにもつながるのだが、夢ノートでは「社会貢献」といった崇高なものである必要はない。

もっと目先の願望、たとえば「資産を5倍にする」「マイホームを建てる」「高級車を購入する」といった即物的なものでかまわない。

また「あこがれの国に旅行する」「高級グルメを堪能する」「観たい映画を全部観る」といった趣味や嗜好にまつわることでもいい。

それこそ、恋人がいるなら「合格後にプロポーズする」でもかまわない。いつしか50項目くらいにはなっているはずだ。

夢ノートはいつも持ち歩き、落ち込みそうになったらパラパラと見る。そうすれば「よし、やるぞ」と意欲が湧いてくるものだ。夢も可視化することでモチベーションが維持できるはずだ。

ほかに自分なりの「元気が出る処方箋（左のコラム参照）」を用意しておくと安心である。弱気になったときに何をするのか、夢ノートを眺めることを含めて決めておくと、スランプは避けられる。

スランプを未然に防ぐ方法を用意する

調子のムラを極力小さくするコツ

気持ちが下降してきたら、用意しておいた「夢ノート」を見るようにする

夢を可視化していつでも見られるようにしておく

COLUMN

自分の「元気が出る処方箋」の作り方

誰にでも「元気になる音楽」はあるだろう。そうした曲をつねに聴けるように用意しておくのもひとつのアイデアである。Ｊポップでもロックでもジャンルはなんでもいい。

私はどんなジャンルの音楽でも好きだが、ときにクラシックもいい。

なかでもバッハの「無伴奏チェロ組曲」を聴いていると、宇宙が感じられ、自分がいかに些細なことに悩んでいるかに気づかされる。

また、司法試験の勉強をしていたころは、自分への励ましのメッセージとしてカードを作っていた。友人や先生に言われたこと、本を読んで感銘を受けたフレーズ、自分自身で気づいたことなどを書き留めておき、くじけそうになると眺めたものだ。

映画やアートなど、感動したもの、気持ちが奮い立つものを見つけたら、ぜひ「元気が出る処方箋」に加えておこう。

温泉が趣味なら、思い切って出かけていくのもひとつの手である。

Essence 11

試験直前の心構え

緊張した状態も楽しめばリラックスできる

「本番になると緊張して、実力が出せない」「あがり症で、思わぬミスをしてしまう」という人は少なくないだろう。せっかくの勉強の成果がまったく出せないのでは、じつに惜しい。

そこで模試（模擬試験）を受ける際などに、緊張を「楽しむ」という発想を持つ練習をしておくといい。

社会人ともなれば、日常でドキドキしたり、緊張して体がガチガチになったりするような場面は少なくなる。

それだけに、試験では貴重な経験ができるというものだ。「やっぱり今日もあがっているな。自分は進歩していないな」「あれ、口が渇いている。結構緊張しているのかな」などと自分を冷静に客観視し、その状態を楽しめるように切り替える術を身につけることである。

一生懸命勉強し、試験を前に緊張している、それはまさしく自分を高め、成長させるプロセスである。努力を重ねてきた自分にもっと誇りを持っていいはずだ。

もちろん合否の結果は重要だが、試験当日になって思い煩ったところで仕方がないではないか。「落ちたらどうしよう」「不合格ならすべて終わりだ」と不安になったら、「それでも世界は終わらない」と考えるくらいの気持ちで試験に臨んでほしい。

たとえその試験では不合格になっても、自分の人生にはその先がある。合否の如何にかかわらず、それまで努力し続けた結果は、より豊かな人生の糧になることは間違いない。

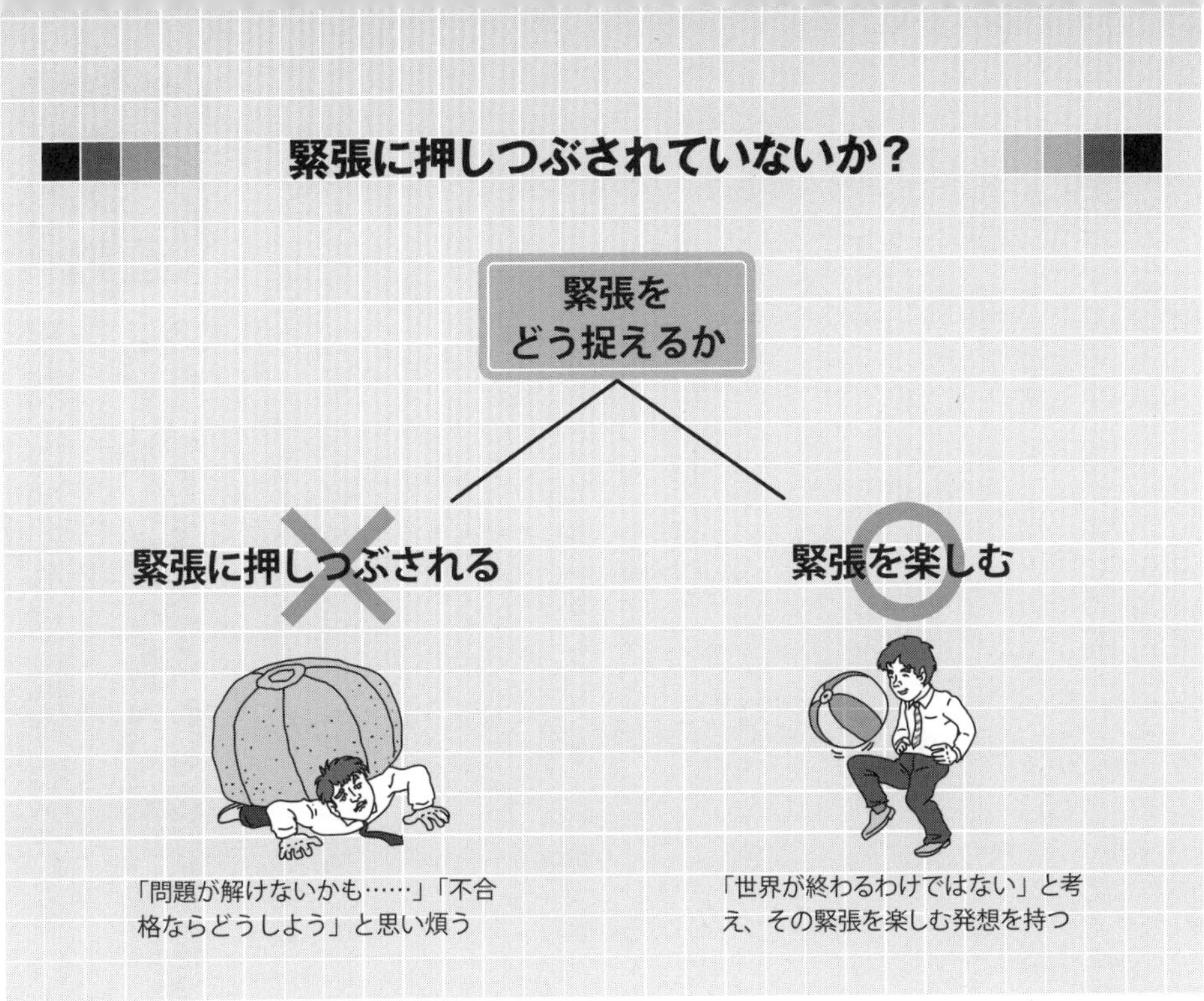
緊張に押しつぶされていないか？
緊張を
どう捉えるか
緊張に押しつぶされる
緊張を楽しむ
「問題が解けないかも……」「不合格ならどうしよう」と思い煩う
「世界が終わるわけではない」と考え、その緊張を楽しむ発想を持つ

COLUMN

10倍の時間をかけて準備する

塾生の前で講義をする際、いまでこそ体が硬直するほどの緊張はない。しかし振り返れば20代、講義をはじめたばかりのころは、いつも緊張していた。

なんといっても受講生はほとんどが年上。「なんだこの若造は。たまたま受かっただけだろう」と、そんなふうに思っている風情が、受講生の顔にありありと見えたからだ。

そこで私は試験勉強のように、本番に向けて訓練を重ねることにした。受講生に伝えられるのは、準備したことの10分の1くらいだろうと考え、3時間の講義に30時間をかけて準備し、シミュレーションをしたのである。この準備が自信につながった。

これは氷山に似ているかもしれない。海面から出ている部分は、ほんの一部である。ほとんどが海面下に隠れており、その礎があってこそ、頭の部分が海面上に姿をあらわせるのである。

自信を持って何かに臨むには、裏打ちされた準備が必要だということだ。

Essence 12

わからない問題への対策を知る

難問に見える基礎的問題も多い

では次に、本試験で解けない、わからない問題につき当たったらどうすべきか、基本的な姿勢と対策をまとめてみたい。

①皆同じだと思う

不思議なことに、試験会場に行くと、周囲は賢そうに見えるものだし、準備万端で臨んできているように思える。しかし実際はそうではない。自分が難しいと思うなら、ほかの人たちも難しいと感じているのである。

②基本で答えられると思い出す

問題が難しそうに見えても、じつは基礎的なことを問われているケースが多い。大半の問題は基本問題のはずである。落ち着いて基本に立ち返って考えてみることだ。

③問題文を読み直す

問題文を読み直すと、難しいと思ったのは勘違いをしていたせいだと気づくことも少なくない。問題文には必ず答えのヒントが隠されている。何が問われているのかを、もう一度見極めることだ。

④いったん飛ばす

しばらく考えても解けなければ、それ以上の時間を使わない。繰り返し述べるが、試験では満点を取る必要はない。限られた時間を無駄にせず、飛ばすことも大切である。最後に時間が余ったら、戻って考えるという方法のほうが効率的である。

問題にはたった2種類しかない!?

試験問題を振り返ると、自分が知っている問題は

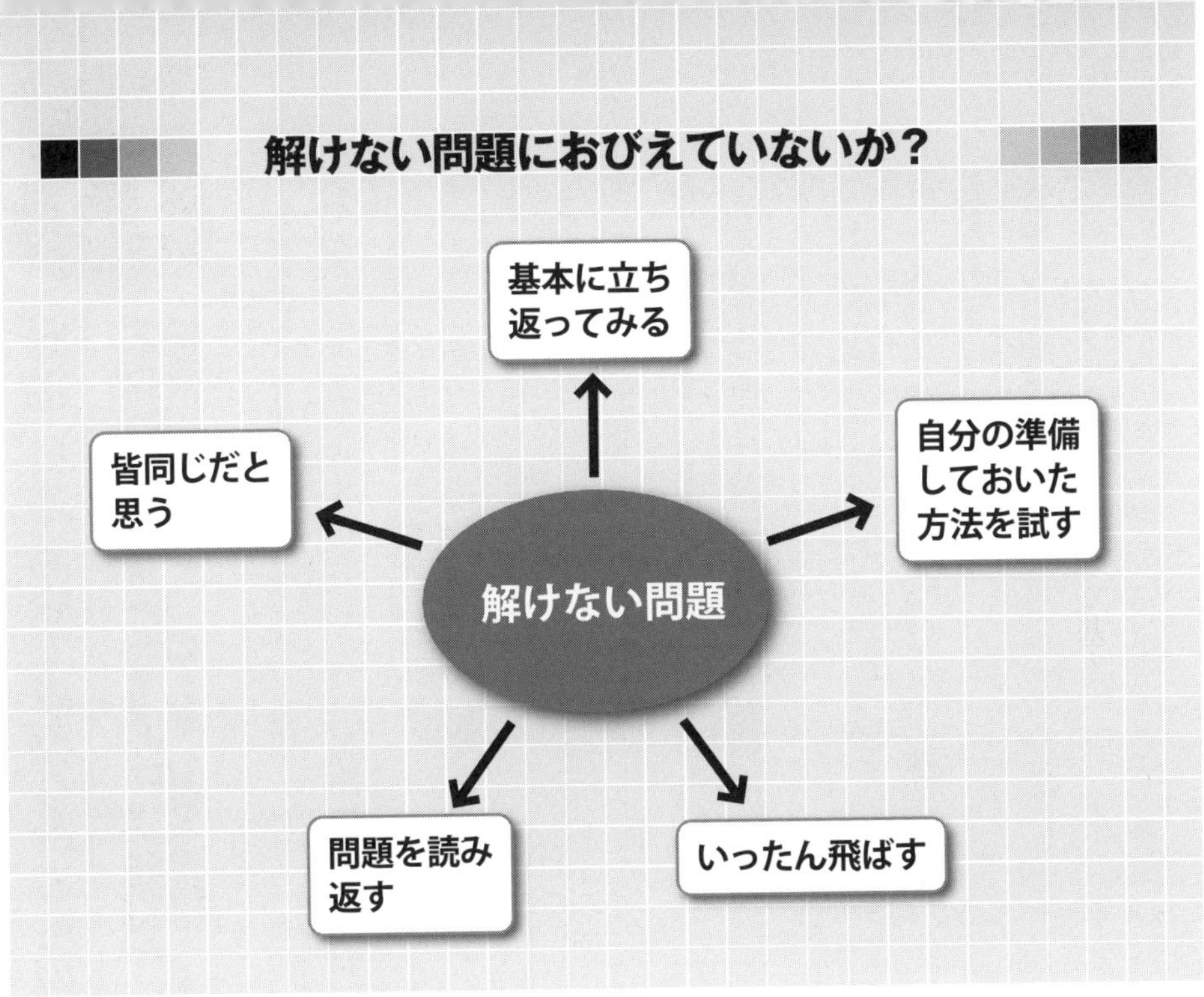
解けない問題におびえていないか？
基本に立ち返ってみる
皆同じだと思う
自分の準備しておいた方法を試す
解けない問題
問題を読み返す
いったん飛ばす

解けているけれど、知らない問題にはまったく歯が立たないという人がいる。

そのとき、「次に向けて勉強の守備範囲をさらに広げよう」と思っていないだろうか。

しかし、恐らく次回、また新しい問題が出されるだろう。すると、その問題が解けずにまた不合格になるに違いない。そこでさらに守備範囲を広げて……。これを永遠に繰り返すことになるのではないか——。これでは、試験をあきらめたくなる気持ちもわかるというものだ。

本番では知っている問題と知らない問題のどちらかしか出ない。こういうと「何を当たり前のことを」と笑うだろうが、ここでちょっと考えてほしい。

知っている問題を増やそうと、知識勝負で挑んでも、知らない問題は必ず生まれてくる。

それよりも、知らない問題にどう対処すればよいか、その方法論を確立したほうがいい。未知の問題を、どんなふうに考えればいいのか、その思考のプロセスをふだんの勉強で練習しておくことである。

Essence 13

面接・口述試験で求められるもの

話す力よりも聞く力が高評価につながる

資格試験や昇進試験では、筆記試験に加え口述試験や面接が行なわれることがある。当然、これについても周到に準備し、繰り返しシミュレーションをする必要がある。日頃の仕事のなかで行なうプレゼンテーションにも通じることである。

まず見極めたいのが、口述試験や面接の目的だ。相手は何を求めているのか、それに対して自分は何を答えるべきかの事前準備が必要である。

昇進試験の面接において、自分の将来性を買ってもらうプレゼンテーションとばかりに、自分が話したいことを話していないだろうか。相手が求めていることを的確に捉えて話しているか、自省するべきである。

資格の口述試験でも試験官は「これを聞いて、このように答えてきたら、次は……」とストーリーを用意しているものだ。それなのに自分だけで話を進めて満足しているようでは、相手からの好印象は得られない。

ここで重要になるのが聞く力である。「話をするのだから、話す力だろう」と思いがちだが、そうではない。

相手の求めていること、自分に答えさせたいことは何なのか、対話するなかで見出す、いわば感じ取る力が必要である。

最近の若い世代のコミュニケーション能力不足が指摘されているが、早い話、この聞く力の欠如だろう。

面接、口述試験というと、話すことばかりに頭がいきがちだが、相手の話を聞く力を養う必要があるのだと肝に銘じておきたい。

相手の話にきちんと耳を傾け、何を求めているのかを察知する能力が必要なのである。

独りよがりの話し方をしていないか？

口述試験・プレゼンで失敗する人

自分はこう考えている、こう思う……

自分が話すことばかりにウエイトを置いている

口述試験・プレゼンで成功する人

相手は何を求めているのか

相手の話を聞く力が備わっている

欲張って伝えようとしていないか？

口述試験３つのコツ

プレゼン力UP

事前の準備をしておく

展開にメリハリをつけるように、話す順番を考え、時間配分をあらかじめシミュレーションしておく

相手の性格、性質をつかんでおく

専門知識を持った現場の人が対象なのか、会社を動かしているマネージャーが対象なのか、出席する人に応じてプレゼンの内容は変わる

伝えたいことをひとつに絞る

あらかじめ自分が伝えたいことを絞り込み、キーワードとして話のなかで繰り返すことで強い印象を与えることができる

Essence 14

これからは法律の時代

法律関係の資格で人生をより豊かに

資格を取ろうか迷っている人は、次の点に注意してほしい。

まずは、資格試験合格も大事だが、それに向けて学ぶ過程で、自分自身を大きく成長させられるということである。地道に努力を続け、その結果として合格があるのだ。

そこを踏まえたうえで、これからの時代を考えたとき、とくに法律関係の資格を取得することは確実にプラスである。あなたが想像する以上のものが得られるだろう。企業のコンプライアンス（法令遵守）という言葉が盛んに使われるように、今後は法律の時代であり、知らなかったではすまされないのだ。

何も法律がかかわるのは、企業活動だけではない。ありとあらゆる社会の動きは、法によって下支えされている。

地震と津波からの復興も、参加の是非は別として話題のＴＰＰも、まず法律ができなければ前に進まない。

日々の暮らしにおいても同じである。コンビニで弁当を買ったり、自宅でオンラインショッピングを楽しめるのも、法律があってこそ可能なのだ。

だから法律を学ぶことは社会を知ることであるといっても過言ではない。

また、単に知識を暗記するだけではなく、法的なものの考え方、すなわち問題解決の手法を身につけられる。何か目の前に問題が生じたとき、いかにして解決するか、その能力を鍛えられる。さらに論理力、説得力、表現力など幅広い力を養うことができる。

行政書士、司法書士など、司法試験以外にもさまざまあるので、自らの糧にできる資格を検討してみてほしい。

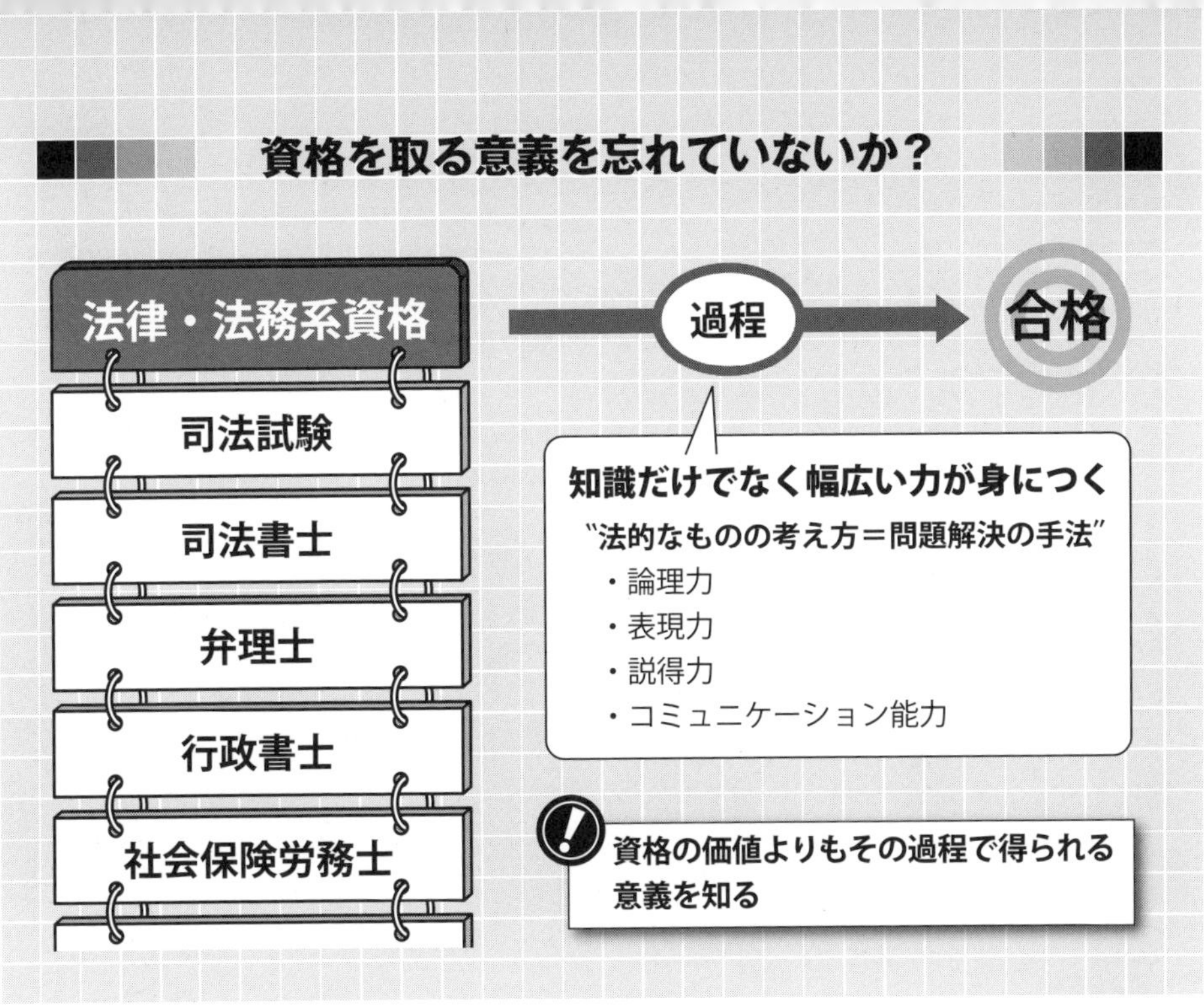
資格を取る意義を忘れていないか？
法律・法務系資格
司法試験
司法書士
弁理士
行政書士
社会保険労務士
過程
合格
知識だけでなく幅広い力が身につく
"法的なものの考え方＝問題解決の手法"
・論理力
・表現力
・説得力
・コミュニケーション能力
資格の価値よりもその過程で得られる意義を知る

COLUMN

ネット情報に惑わされず、自分を信じる

自分が目指すべき資格や自分に合っている勉強法が見つかったら、それ以上の情報収集はやめていい。自分の選択を信じて、浮気せずに最後まで貫くことだ。

なぜ、あえてこんなことを言うのか。

いまやネット社会。検索をすれば、自分の選んだやり方や教材に批判的なコメントは必ず見つかるもの。それに動揺して、浮気を繰り返している人がいかに多いことか。

気持ちはわかるが、そのコメントは、単なるウサ晴らしであったり、無責任な発言であったりもする。なかには信頼に足る情報があるかもしれないが、その真偽を確かめるために延々時間をかけているよりは、勉強を続けるほうが、確実に結果はついてくる。

人は勉強法の選択を間違って失敗するというより、自分の選択に自信が持てず、迷っているうちに挫折してしまうケースが圧倒的に多いのだ。

「隣の芝生は青く見える」ものだが、「自分はこれでいい」という割り切りが大事である。

〈プロフィール〉

和田秀樹（わだ　ひでき）

1960年大阪府生まれ。精神科医。国際医療福祉大学大学院教授（臨床心理学専攻）、川崎幸病院精神科顧問、一橋大学経済学部非常勤講師、和田秀樹こころと体のクリニック院長。東京大学医学部卒業後、東京大学附属病院精神神経科助手、米国カール・メニンガー精神医学校国際フェローを経て現職。著書は500冊を超える。映画初監督作品「受験のシンデレラ」は、モナコ国際映画祭でグランプリを受賞。

竹中平蔵（たけなか　へいぞう）

1951年和歌山県生まれ。経済学博士。慶應義塾大学総合政策学部教授、グローバルセキュリティ研究所所長（博士、経済学）。一橋大学卒業後、日本開発銀行、大蔵省主任研究官、ハーバード大学客員准教授などを経て現職。2001～06年、小泉内閣において経済財政政策担当大臣、金融担当大臣、郵政民営化担当大臣、総務大臣を歴任。

藤原和博（ふじはら　かずひろ）

1955年東京都生まれ。東京学芸大学客員教授。78年、東京大学経済学部卒業後、株式会社リクルート入社。96年同社フェローとなる。2003年から５年間、都内では義務教育初の民間校長として杉並区立和田中学校校長を務める。08～11年、当時の橋下徹大阪府知事の特別顧問を務めた。

池谷裕二（いけがや　ゆうじ）

1970年静岡県生まれ。薬学博士。東京大学大学院薬学系研究科准教授、東京大学大学院総合文化研究科連携准教授。98年、東京大学大学院薬学系研究科で海馬の研究により博士号を取得。2002年から約２年半のコロンビア大学客員研究員を経て現職。

伊藤 真（いとう　まこと）

1958年東京都生まれ。弁護士。伊藤塾塾長。東京大学在学中に司法試験合格。95年、「伊藤真の司法試験塾（現、伊藤塾）」を開設し、司法試験、法科大学院、公務員試験、法律資格試験の受験指導に注力。「憲法の伝道師」としても精力的に講演・執筆活動を行なう。また、日本を真の民主主義国家にするため「一人一票実現国民会議」の発起人として様々な活動を行なう。

賢人の勉強術

2012年6月25日　第1刷発行

監　修　和田秀樹　竹中平蔵　藤原和博　池谷裕二　伊藤 真
発行人　見城徹
編集人　福島広司

発行所　株式会社幻冬舎
〒151-0051　東京都渋谷区千駄ヶ谷4-9-7
電話　03（5411）6211（編集）
03（5411）6222（営業）
振替00120-8-767643
印刷・製本所　株式会社 光邦

検印廃止

ISBN978-4-344-90251-0　C2095
Printed in Japan
幻冬舎ホームページアドレス　http://www.gentosha.co.jp/
この本に関するご意見・ご感想をメールでお寄せいただく場合は、comment@gentosha.jpまで。